Josef Stockinger

FRÄULEIN VILMA UND IHR JOSEF – LEBENSWELTEN AUS ZWEI JAHRHUNDERTEN

JOSEF STOCKINGER

FRÄULEIN VILMA UND IHR JOSEF

LEBENSWELTEN AUS ZWEI JAHRHUNDERTEN

EDITION ARBEITSWELT
ENNSTHALER VERLAG STEYR

Impressum
Josef Stockinger: Fräulein Vilma und ihr Josef. Lebenswelten aus zwei Jahrhunderten
Ennsthaler Gesellschaft m.b.H. & Co KG, 4400 Steyr, Österreich · www.ennsthaler.at
ISBN 978-3-7095-0152-8

Erschienen in der Edition Arbeitswelt · www.museumarbeitswelt.at
Gestaltung: Atteneder Grafik Design, Steyr
Lektorat/Korrektorat: Dr. Ines Bernt-Koppensteiner, Helga Feller-Höller,
Mag. Gerhard Klausberger, Renate Stockinger, Sabine Thöne, Hildegard Wendt
Druck und Bindung: PBtisk a.s.

Zur besseren Lesbarkeit wird im vorliegenden Buch auf die gleichzeitige Verwendung männlicher und weiblicher Sprachformen verzichtet. Es wird das generische Maskulinum verwendet, wobei beide Geschlechter gleichermaßen gemeint sind.

INHALT

INTRO

Die Wunder, durch die Generationen gestreut,

Stück um Stück zurückempfangen.

Versteckt bleiben Erinnerungen aus bangen

Zeiten und die Vergänglichkeit.[1]

1 Josef Stockinger, 2021

TIEF IN DEN FLUSS DER ZEIT EINTAUCHEN

Die Geschichte erlebbar und spürbar zu machen, gelingt am besten über die Schilderung von Erlebnissen und Empfindungen von Menschen aus der jeweiligen Zeit. Meistens stehen dabei die Lebensgeschichten von bekannten Persönlichkeiten im Mittelpunkt, deren Leben vielfach gut dokumentiert ist. Josef Stockinger begibt sich – wieder einmal – auf mühevolle Spurensuche und wird dabei in seiner eigenen Familiengeschichte fündig. Die Geschichte von „Fräulein Vilma und ihrem Josef" lässt uns tief eintauchen in deren Alltagsleben sowie ihre Hoffnungen und Träume. Es entsteht dabei ein ungeschöntes und nicht sozialromantisch verklärtes Bild der damaligen Zeit, geprägt von Herrschaftsstrukturen, harter Arbeit und großer materieller Not. Doch gleichzeitig bekommen wir, dank der einfühlsamen Schilderung, großen Respekt vor diesen Menschen. Die Wertschätzung und Liebe zur Natur zieht sich wie ein roter Faden durch alle Generationen.

Eines führt uns dieses Buch wieder besonders vor Augen: Die großen Ereignisse und Umwälzungen der letzten beiden Jahrhunderte haben die geschilderten Personen, gewollt oder ungewollt, mit in ihren Sog gezogen und das Schicksal der jeweils folgenden Generation mit beeinflusst.

Danke für die Möglichkeit, lieber Josef, anhand der lebendigen Darstellung Deiner Familiengeschichte tief in den Fluss der Zeit eintauchen zu dürfen.

Ing. Markus Vogl
Bürgermeister der Stadt Steyr

BRÜCKE IN DIE VERGANGENHEIT

Brücken gehören zu den spannendsten Erfindungen der Menschheitsgeschichte. Sie zählen zu den uraltesten technischen und gleichzeitig sozialen Errungenschaften, mittels derer eine Erweiterung des Horizontes möglich wird. Brücken obliegt es fast immer, etwas zu verbinden, und nur ganz selten, etwas zu trennen. Brücken führen über rauschende Flüsse, tiefe Schluchten und sanfte Täler. Oftmals offenbart ihr Überschreiten Gefühle der Verbundenheit, ganz selten aber auch der Trennung und der Angst. Immer oder zumindest meistens ist ihre Begehung verbunden mit einem Blick in den Abgrund, der uns Menschen zeigt, wie schmal der Grat zwischen Erhebung und Absturz ist.

Josef Stockinger schlägt mit seinem neuesten Buch eine „Brücke in die Vergangenheit". Nicht in irgendeine und nicht ins Nirgendwo. Als „Baumaterial" und Ausgangspunkt dienen zwei Briefsammlungen seiner Eltern, geschrieben und ausgetauscht im Zweiten Weltkrieg und der unmittelbaren Nachkriegszeit, ausgewertet und interpretiert nach persönlichen und allgemein gültigen Kriterien. Ergänzt und verdichtet mit historischen und soziologisch relevanten Daten und Fakten. Welt- und Zeitgeschichte – im konkreten Fall dem absoluten Tiefpunkt ganz nahe – eröffnen sich intim und individuell und führen fort ins Allgemeine. Festgeschrieben in den Geschichtsbüchern mit den Begriffen des *„Blitzkrieges"* und des *„Tausendjährigen Reiches"*.

In den Briefen des Hauptprotagonisten erhalten beide „Visionen" ihren realen Wert. An seine Mutter schreibt Josef im Mai 1944: *„Vielleicht tritt im Kriegsgeschehen auch einmal eine Änderung ein. Es kann ja doch nicht immer so fortgehen. Aber das sagen wir halt schon ein paar Jahre."* Nur wenige Monate später weicht die Resignation einer zart aufkeimenden Hoffnung nach einer Wiederkehr, ausgedrückt in einem unübertrefflichen Realsarkasmus: *„Wenn es Dir möglich ist, kaufe mir für meinen Kasten ein paar Mottenkugeln, damit mein Gewand keinen Schaden leidet. Vielleicht brauche ich es doch wieder einmal."* Ein Zitat von vielen, über das nachzudenken sich mehr als lohnt.

Ing. Dr. Raimund Ločičnik
Kulturhistoriker

„GRABE, WO DU STEHST!"

Diesen Leitspruch der 1970er- und 1980er-Jahre, der für die Gründung des Vereins Museum Arbeitswelt prägend war, hat sich auch Josef Stockinger zu Herzen genommen. In vorliegendem Buch beschäftigt sich der studierte Historiker nicht mit fernen oder distanzierten Quellen, sondern mit der eigenen, persönlichen Familiengeschichte, die er anhand von im Familienbesitz befindlichen Briefen aufarbeitet und um weitere Quellen ergänzt, wie zum Beispiel online zugängliche Matrikeln. Es gelingt ihm damit, Geschichte über Geschichten zu erzählen und (be)greifbarer zu machen. Das Besondere daran ist, dass Josef Stockinger die Geschichte seiner Eltern nicht verklärt oder romantisiert, sondern als Historiker so umfassend wie möglich darstellt, in all ihren Facetten.

Vor allem die Geschichte der Stadt Steyr und der Menschen, die in ihr lebten und arbeiteten, wird durch diese Publikation wieder um viele Quellen und Beschreibungen reicher dokumentiert. So schafft er es, durch akribische Recherche die Geschichte seiner Eltern mit der von Steyr und Österreich zu verknüpfen. Er zeigt damit auf, wie wir alle von großen Ereignissen und Entwicklungen beeinflusst werden, jedoch individuell unterschiedlich damit umgehen können und durch unsere Entscheidungen einen Teil der Geschichte selbst schreiben – ein Zugang, der das Museum Arbeitswelt in seiner Ausstellungs- und Kulturvermittlungspraxis bis heute sehr prägt.

Lieber Pepi, wir freuen uns sehr, dass Du es uns ermöglichst, dass Dein neuestes Werk als fünfte Publikation in der „Edition Arbeitswelt" erscheinen darf. Als ehemaliger wissenschaftlicher Mitarbeiter des Vereins Museum Arbeitswelt wissen wir um Deine Rolle beim Aufbau der OÖ. Landesausstellung „Arbeit Mensch Maschine. Der Weg in die Industriegesellschaft" (1987) und Deine Bedeutung bei der Überführung unseres Hauses in ein Museum, das auch über dreißig Jahre später noch existieren sollte. Deine frühere Publikation „Zeit die prägt" ist das Standardwerk, um die bis heute einzigartige Bedeutung der Arbeiter*innenbewegung für die Entwicklung Steyrs zu verstehen.

Wir sind davon überzeugt, dass nicht nur wir als Verein diese Publikation interessant und lehrreich finden, sondern dass sich auch für viele Leser*innen weitere Blickwinkel und neue Zugänge zur Geschichte auftun werden.

Für den Verein Museum Arbeitswelt
Stephan Rosinger, Künstlerische Leitung

AUS DEM BESITZ DER ELTERN

Ursprünglich als Familienbuch gedacht, entstand zum 100. Geburtstag von Vilma bzw. 50. Todesjahr von Josef die Idee, die einzigartigen Lebensstationen dieser beiden Persönlichkeiten nachzuzeichnen, exemplarisch für die erlebte Geschichte vieler Menschen und Familien in diesen Epochen.

Das Buch rekonstruiert anhand umfangreicher Briefsammlungen[2], Korrespondenzen und persönlicher Dokumente einzelne Ausschnitte der damaligen Lebenswelten, gewährt Einblicke in den authentischen Lebensalltag in der ersten Hälfte des 20. Jahrhunderts und begleitet zu den biografischen Wurzeln. Diese Briefe sind als die Reflexion erlebter Wirklichkeit zeitlose Dokumente des Lebensgefühls, welches unmittelbar geteilt werden will.[3] Die authentische Zwiesprache zweier Verliebter gibt auch sehr intimen Einblick in deren Lebenskosmos, und ihre Veröffentlichung verlangt von uns, als den späteren Interpreten, ein respektvolles Fingerspitzengefühl.

Vielfältige historische Quellen und digitale Recherchemöglichkeiten in Kirchenmatrikeln[4] und Landkarten[5] ermöglichen bisher unbekannte Einblicke. Wenn Unmengen an biografischen Informationen aus Tauf-, Trauungs- und Sterbebüchern über den Bildschirm flimmern, dann fesselt dieser soziale Mikrokosmos des kleindörflichen und städtischen Lebens.

2 Achtzehn Briefe von Josef an seine Eltern zwischen 1943 und 1945 sowie ein Briefwechsel zwischen Josef und Vilma mit 163 Briefen im Zeitraum 1946 bis 1957. Weiters rund 380 Mitteilungen auf Ansichts-, Korrespondenz- und Postkarten. Herzlichen Dank für die gesamte Unterstützung bei der Aufarbeitung der historischen Quellen an meine Frau Renate.

3 Messner, Reinhold: Gehe ich nicht, gehe ich kaputt. München 2020. 10.

4 URL: https://data.matricula-online.eu/de/oesterreich/oberoesterreich/steyr-stadtparre/.

5 Die über „Habsburg Empire – Cadastral maps" Mapire – verfügbaren historischen Landkarten zeigen geografische Räume in einer bunten und beinahe unglaublichen Detaildarstellung. URL: https://maps.arcanum.com/de.

Es wird zwar scheinbar nur in „totem Papier" und vergangenen Sprachwelten geblättert, allerdings sind darin Begebenheiten und Schicksale versteckt, die man nachträglich beinahe mitfühlt, wie die Todesursachen „Gebärmutterblutsturz" oder „Fruchtfäule", Totgeburten oder die vielfältigen körperlichen Beeinträchtigungen. Überraschend hoch zeigt sich parallel dazu auch die Kindersterblichkeit. Und bei den Neugeborenen springen die nah beieinanderliegenden Zeiteinträge von Geburt und Taufe ins Auge – mit manchmal nur wenigen Stunden Unterschied –, damit niemand „ungetauft" die Erde gleich wieder verlässt. Trauungsbücher ermöglichen einerseits Einblicke in prekäre Lebensumstände, und beim Umblättern jeder Seite wird das Klischee der „guten alten Zeit" widerlegt und die schwere tägliche Lebensbewältigung der Menschen sichtbar. Manchmal wird andererseits regelrecht die ausgelassene Stimmung einer (imaginären) Feier „spürbar", wenn die Heirat mit einer Verbesserung der sozialen Stellung oder Besitz verbunden ist.

Im Mittelpunkt stehen das Zusammenfinden zweier Menschen, ihre Alltagsbewältigung und ihr Kulturerleben. Und ihre Lebenslust und humorvolle Gelassenheit. Vielleicht ein Anstoß zum Selberforschen, eine Anregung zum Kennenlernen und Erweitern der eigenen Identität, aber auch eine Möglichkeit zum Innehalten und Reflektieren.

Dr. Josef Stockinger
Historiker

HERKUNFT UND LEBENSWELTEN VON JOSEF

BIS 1946

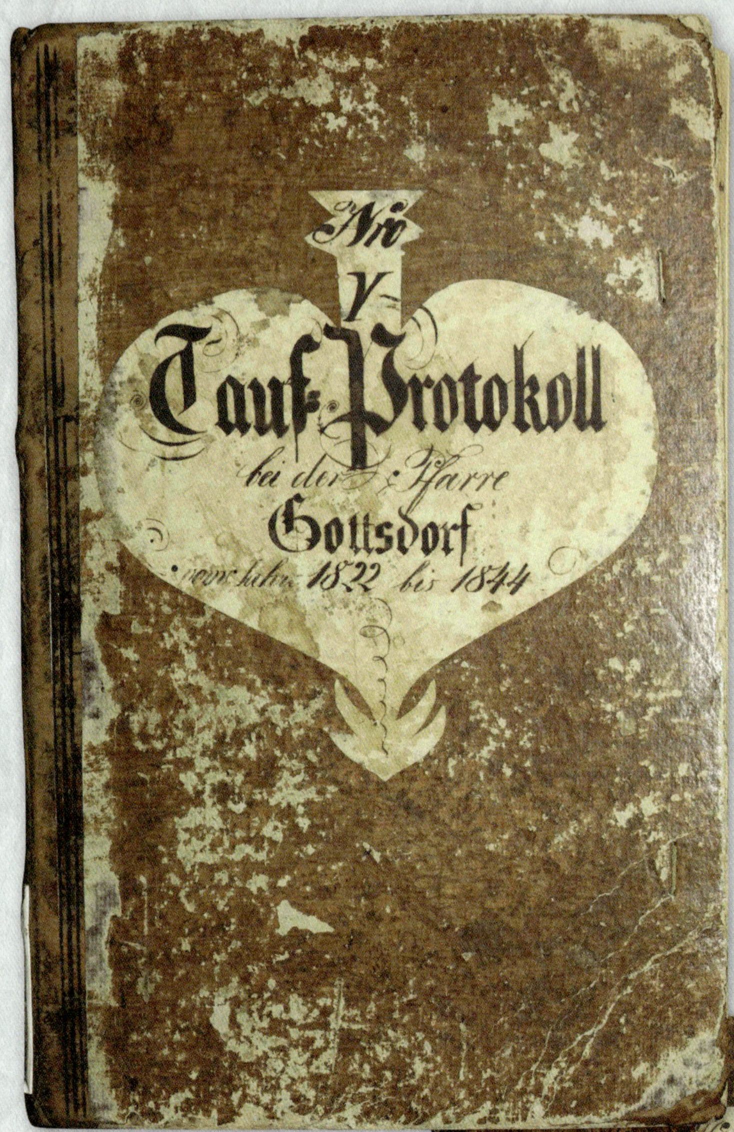

Einbandseite des Taufbuchs der Pfarre Gottsdorf bei Maria Taferl, NÖ. 1/8 1822–1844.

Einbandseite des Sterbebuchs der Pfarre Gottsdorf bei Maria Taferl, NÖ. 1830–1861.

Gesellschaft im Garten des (ehemaligen) Gasthauses Hammermeister in Dambach, Gemeinde Garsten, 1902.

DEM TIEFEN VERGESSENSEIN ENTRISSEN

„Der kümmerliche Alltag einer ärmlichen Existenz, in deren Zentrum die harte, nie aufhörende Arbeit steht, Isolation, labile Gesundheit fern von Ärzten, das rücksichtslose, gewaltdurchzogene Regiment des Hausvaters gegenüber Frauen und Kindern, aber auch das Halteseil der Religion, die emotionalen Trost spendet, Hoffnung auf ein Jenseits, wo alle Sorgen aufgehoben sind (…).“[6] So charakterisiert der Salzburger Historiker Ernst Hanisch sehr plastisch das Leben in entlegenen Dörfern im 18. und 19. Jahrhundert.

6 Hanisch, Ernst: Landschaft und Identität. Versuch einer österreichischen Erfahrungsgeschichte. Wien 2019. 120.

Der Mangel an Nahrungsmitteln ist in dieser Zeit bei vielen Menschen massiv spürbar. *„Eichel- und Strohbrod gegen die Hungersnoth"*[7] schildert 1713 ein Pfarrer in einer Randbemerkung des Taufbuches. Abgemildert wird die schlechte Lebensmittelversorgung bei Familien mit eigenem Wirtschaftsbesitz, beispielsweise Badhausbesitzern[8], Josefs Großeltern mütterlicherseits. Ab dem beginnenden 19. Jahrhundert sind auch Familien mit Vätern als Revierjägern und Förstern, also in (fixen) Diensten von herrschaftlichen Obrigkeiten, besser dran. Bei Josefs Vorfahren ist das allerdings nur zweimal der Fall. Meist sind diese „Kleinhäusler" oder sogenannte „Inleute", also Mitbewohner am Bauernhof ohne Grund und Boden, die mitarbeiten und denen dafür ein kleines Stück Feld überlassen wird.

Die Ablösung von „bäuerlicher Untertänigkeit" vollzieht sich in Josefs großväterlichen Vorfahrensfamilien bereits zum Großteil zwischen 1780 und 1850. Sie bestreiten jetzt ihren Lebensunterhalt als Taglöhner, sie verrichten oft Hilfstätigkeiten außerhalb der gewerblichen Produktion, manchmal *„zeitweilig beurlaubt vom kaiserlichen Infanterieregiment"*. Im 19. Jahrhundert sind die Schwerpunktberufe der Familie: Maurer und Maurergehilfen[9], früher bereits Kalkbrenner, großmütterlicherseits auch ein „bürgerlicher Maurermeister". Da mit maximal drei Jahren im Baugewerbe die Lehrzeit vergleichsweise kurz ist und meist kein Lehrgeld verlangt wird[10], ist diese Berufsausbildung auch für ärmere Bevölkerungsschichten möglich. Weitere (auch handwerkliche) Berufe sind Zimmermann, Tischler, Schiffsknecht bei der Donauschifffahrt und Teichgraber. Ein *„Armaturarbeiter"*, bei Erzeugung und Reparatur von Waffen tätig, weist bereits nach Steyr mit seiner großen Fabrik.

Die eigenständige Frauenbeschäftigung besteht neben (unbezahlter) Arbeit *„im Haushalt"* meist nur aus dem „In Dienst sein" als Magd oder Aushilfskraft, entlohnt mit Verköstigung und Unterkunft.

---

7 Matricula online: Taufbuch Hohenzell für das Jahr 1713. 01/101/1/ Folio 02 _00207.

8 Bader (und Barbiere) stehen in hohem Ansehen, sind „chirurgische (Erst)-Versorgungsstationen" und haben Kenntnisse im Herstellen von Salben. Reith, Reinhold (Hg.): Das alte Handwerk. Von Bader bis Zinngießer. Hamburg 2020. 17 ff.

9 Mörtelrührer, Kalklöscher, Sandschaufeln oder Wasser-, Kalk- und Steinetragen. Reith, Reinhold (Hg.): Das alte Handwerk. A. a. O., 148.

10 Reith, Reinhold (Hg.): Das alte Handwerk. A. a. O., 151.

Geografisch sind die Wurzeln großmütterlicherseits in Dambach bei Windischgarsten – dort im gebirgsdörflichen Kleinbürgertum – sowie in kleindörflichen Regionen Südböhmens verankert. Großväterlicherseits in verschiedenen „GottsDörfern" in der Pfarre Auratsberg bei Marbach an der Donau, zurückreichend zeitlich bis 1726[11] und geografisch bis Hermannsdorf südlich von Budweis.

Mit Kinderreichtum versuchen Familien unterer Gesellschaftsschichten durch das Einkommen aller arbeitsfähigen Mitglieder die Armutsgrenze zu überschreiten. In einer Vorfahrensfamilie werden beispielsweise im Zeitraum von Jänner 1849 bis Juni 1857 – also in 8½ Jahren – sieben Kinder geboren, von Amalia bis Vinzenz. Es ist eben zu bedenken, dass der Anteil der unter Zehnjährigen an den Todesfällen (in Wien) in der zweiten Hälfte des 19. Jahrhunderts bei etwa 45 Prozent liegt. Nimmt man ergänzend für die Säuglingssterblichkeit ebenfalls diese Quelle, so zeigt sich vergleichend, dass auf 100 Geburten folgende Todesfälle von Kindern unter einem Jahr kommen: Der Höchstwert liegt um 1770 bei über 70, im Zeitraum ab 1880 knapp unter 20 und sinkt bis zum Jahr 1935 auf 6,4 pro 100 ab.[12] Das sind Werte, die in etwa auch in den Familien von Josefs Vorfahren zu finden sind. Häufige Todesursachen bei Kindern sind beispielsweise heute durch Impfung weitgehend zurückgedrängte Krankheiten wie Keuchhusten, eine sehr ansteckende bakterielle Infektion. In der Familie des 1839 geborenen Leopold Stockinger sterben alle vier Kinder im Säuglingsalter, sodass die Familie ohne Nachwuchs bleibt. Die 13-jährige Theresia Stockinger stirbt im Jänner 1848 an „Lungensucht", das ist die alte Bezeichnung für Tuberkulose. Der Eintrag im Sterbebuch wird vom örtlichen Pfarrer mit der Bemerkung *„nicht versehen"* ergänzt, da der kirchliche Segen von den Eltern *„nicht begehret"*[13] wird. In der damaligen Zeit ist das eine absolute Ausnahme. Aber vielleicht sind der (verwitwete) Vater und die Stiefmutter in ihrer tiefen Trauer verzweifelt und frustriert, vielleicht ist es auch ein Ausbruchsversuch aus dem ganz engen Korsett der Kirche, Resignation trotz Religion?

---

11 Lukas Stockinger, 1726–22.6.1798 in Kracking Nr. 2, in den Matrikeln als „Stockingerhäusl" überliefert.

12 Eigene Berechnungen auf Basis einer Zeitreihe von 1730 bis 1935 von Ehmer, Josef: Familienstruktur und Arbeitsorganisation im frühindustriellen Wien. Wien 1980. 53 und 173. Sowie eine Darstellung der Kindersterblichkeit auf 55.

13 Sterbebuch Gottsdorf 03/08 02-fol. 70.

Unbekannte Verwandte vor einem Dorfwirtshaus, um 1902.

„(…) Die Straße, die das kleine Dorf nicht hält,
geht langsam weiter in die Nacht hinaus.
Das kleine Dorf ist nur ein Übergang
(…)
Und die das Dorf verlassen, wandern lang,
und viele sterben vielleicht unterwegs."[14]

14 Rilke, Rainer Maria: Das Stundenbuch. Frankfurt am Main und Leipzig. 2000. 78.

Landschaft bei Marbach an der Donau mit Maria Taferl, Juli 1965.

„Wer vom Norden des Waldviertels an die Donau reist, findet sich in einem ganz anderen Klima wieder, es ist wärmer, Wein und Marillenbäume erinnern an den heiteren Süden. Hier in der Wachau (und Auratsberg, nahe Marbach an der Donau, liegt ja ganz in der Nähe, J. S.) *herrscht auch ein anderes Lebensgefühl."*[15] Diese positive Stimmung wird auch in die neue Heimat nach Steyr mitgenommen, die tradierte Lustigkeit und vielleicht auch Gelassenheit spiegeln sich in den Familienkorrespondenzen und Josefs Briefen. Sein Vater stammt aus diesem Auratsberg, Pfarre Gottsdorf, und besucht in den 1880er-Jahren *„sehr fleißig"* die Volksschule im nahen Marbach an der Donau und 1895 bei *„vollkommen entsprechend*(em)*"*[16] sittlichen Betragen die gewerbliche Fortbildungsschule in Steyr.

15 Hanisch, Ernst: Landschaft. A.a.O., 43.
16 Zeugnis der gewerblichen Fortbildungsschule in Steyr vom 11.3.1895.

Der teilweise familiären Handwerkstradition folgend und vermutlich über Kontakte der Verwandtschaft zur Tischlergenossenschaft wird Josefs Vater nach Steyr vermittelt, erlernt hier beim Tischlermeister (und seinem zukünftigen Schwiegervater!) Johann Bespaletz dessen handwerkliche Fertigkeiten, u.a. in der Bearbeitung von Gewehrschäften.[17]

Es ist sinnvoll, den tschechischen Wortwurzeln eingedeutschter Familiennamen auf den Grund zu gehen: Bespaletz setzt sich zusammen aus „Bez" und „palec", heißt übersetzt „ohne Daumen" und ergibt im Zusammenhang mit dem Tischlerberuf durchaus Sinn. Auch bei Josefs Vater – ebenfalls ein Josef und Tischler – ist als besonderes Kennzeichen ein „gespaltener rechter Daumen" überliefert.[18]

„Auf die Walz gehen" hat Tradition und die aufkommenden kapitalistischen Industriezentren der Habsburgermonarchie[19] haben starke Anziehungskraft. Mitte des 19. Jahrhunderts ist die Region Steyr mit der „Österreichischen Waffenfabriks-Gesellschaft" ein Gewerbe- und Industriezentrum mit langer Eisenverarbeitungstradition *„als kleinteilige Hausindustrie, in Innungen für den Vertrieb zusammengeschlossen"*.[20] Viele Handwerker und *„hervorragende Techniker aus Prag, Pilsen, Brünn und hochqualifizierte Facharbeiter"*[21] aus dem früh industrialisierten Böhmen kommen hierher nach Oberösterreich. Erzeugt werden neben Waffen auch Messer und Gabeln für den privaten Haushalt, Sensen und Sicheln sowie Schlittschuhe. *„Ein Exportschlager sind Taschenfeitel* (einfache Messer mit verschieden gebeizten Holzgriffen), *die bei den Unterschichten beliebt sind und von denen jährlich 16 Millionen Stück exportiert wurden."*[22]

---

17 Er wohnt im damaligen Arbeiterviertel Steyrdorf, übersiedelt im August 1907 in die Berggasse 55, ab Februar 1908 wohnt die Familie am Stadtplatz 46.

18 Dank für die Erläuterung an Frau Mag. Michaela Wufka, BFI Linz. Siehe: Arbeitsbuch für Josef Stockinger (1878–1963), ausgestellt am 24.3.1895. folio 2.

19 Zur Zuwanderung der Werndl'schen Waffenfabrik: Stockinger, Josef: Arbeiter im Industrie-Dorf: Simulanten, Aufwiegler, Socialisten. Arbeitsbedingungen und Arbeiterschaft im Zweigwerk Letten der Österreichischen Waffenfabriks-Gesellschaft. In: Kurt Greussing (Hg.): Die Roten am Land. Arbeitsleben und Arbeiterbewegung im westlichen Österreich. Steyr, Museum Industrielle Arbeitswelt 1989.

20 Hanisch, Ernst: Landschaft. A.a.O., 282.

21 Bernt-Koppensteiner, Ines: Migrationsstadt Steyr. In: Arbeit. Wohlstand. Macht. Begleitband zur oö. Landesaustellung. Linz 2021. 241.

22 Zitiert und verglichen bei: Hanisch, Ernst: Landschaft. A.a.O., 38.

Lange Militärdienste unterbrechen oft die männlichen Berufsverläufe dieser Generationen. Seit 1866 besteht die allgemeine Wehrpflicht ab dem 21. Lebensjahr, die Dauer der Dienstpflicht im stehenden Heer beträgt zwölf Jahre, davon drei Jahre „aktiv in der Linie", sieben Jahre in der Reserve und zwei Jahre Landwehr.[23] Im März 1899 wird Josefs Vater am *„Assentplatz Persenbeug"* militärisch gemustert[24], es folgt seine dreijährige *„active Dienstleistung"* beim „K.u.k. Montur-Depot Nr. 4" in Kaiserebersdorf" als *„sehr braver, verwendbarer und in jeder Beziehung verläßlicher Unteroffizier"*[25].

---

23 Militär-Paß Rudolf Majetič des K.u.k. Feldhaubitzregiment Kaiser Nr. 8, Assentjahrgang 1903. 5.
24 Widmungsschein des „K.u.k. Ergänzungs-Bezircks-Commando" Nro. 49. St. Pölten vom 1. März 1899.
25 Militärzeugnis der „K.u.k. Montur-Depot Nr. 4" in Kaiserebersdorf" vom 23. September 1902.

Familienfoto ca. 1914, das einzige Foto mit Franziska Stockinger (1837–1916), Josefs Großmutter väterlicherseits. Ausschnitt mit der Software „FaceApp" verjüngt.

Eine in der historischen Rückschau entdeckte „Familienheldin" – exemplarisch für viele Mütter dieser Zeit – ist Franziska (1837–1916), Josefs Großmutter väterlicherseits. Sie hat keine Möglichkeit einer Berufsausbildung gehabt. Ihr Mann Michael stirbt 39-jährig an Lungenentzündung[26], und sie bleibt mit den sechs unversorgten Kindern[27] zurück. Sie kann diese Lebenskrise sehr gut meistern. Durch das Nutzen familiärer Kontakte und Netze kann Franz eine Lehre als Bäcker und der Jüngste (Josef, geboren 1878) – mein Großvater – das Tischlerhandwerk in Steyr erlernen. Sie kann auch die „Unterbringung" von zumindest zwei Töchtern in der Reichshauptstadt Wien unterstützen: Marie wird „bürgerliche Selchermeistersgattin", Rosina die Gattin des Kellereimeisters einer Sektfirma in der Billrothstraße. Berufsbezogene Informationen zu ihren Schwestern Anna und Katharina finden sich nicht in den überlieferten Aufzeichnungen.

26 Im Sterbebuch Marbach 1876–1937, fol. 14, ist Pneumonia angeführt.
27 Leopold als siebtes Kind ist im Alter von 14 Monaten am 11.12.1866 gestorben.

Lehrbrief

Wir Unterzeichnete beurkunden daß Josef Stockinger geboren am 16ten Februar im Jahre 1878 zu Marbach im Lande Nied. Österreich kath. Religion am 17ten März 1892 zur Erlernung des Tischler Gewerbes aufgedungen worden ist.

Genannte hat sich während seiner Lehrzeit laut Bestätigung seines Lehrmeisters Herrn Johann Bespaletz sittlich, treu und fleißig betragen und hat das Tischler Gewerbe vollkommen erlernt, wonach selber am 17ten März 1895 freigesprochen wurde.

Hierüber wird dieser Lehrbrief mit dem Beisatze ausgefertigt, daß man Obgenannte als einen ordentlich gelernten Tischlergehilfen anerkennen und zu seinem ferneren besten Fortkommen aller Orten willfährig sein wolle.

Gegeben zu Stadt Steyr im Lande Ober-Österreich am 17ten März im Jahre 1895

Der Genossenschafts-Commissär — Der Genossenschafts-Vorsteher — Der Bürgermeister

August Schrader

Lehrbrief (Zeugnis) seiner Tischlerlehre von 17.3.1892 bis 17.3.1895. *„Laut Bestätigung seines Lehrmeisters Herrn Johann Bespaletz in Steyr"* hat er sich *„Sittlich, treu und fleißig betragen".* *Genossenschafts-Commissär, Genossenschafts-Vorsteher und Bürgermeister".*

„Lieber Bruder, zu Deinem 17. Geburtstag wünsche ich Dir alles Gute, vor allem, dass Du recht gesund bleibst und recht brav und kannst auch dem lieben Gott danken, dass Du Deine Lehrzeit überstanden hast. (…) Ich habe der Mutter für Dich eine schöne schwarze Hose mitgegeben, das ist von mir als Geschenk zum frei werden. (…) Sei immer so brav und fleißig, wie Du bis jetzt warst, dann kannst Du schon Dein Fortkommen haben. (…) Es werden ja im Sommer schon vier Jahre, dass wir uns nicht gesehen haben. Ich werde Dich vielleicht gar nicht mehr kennen."[28]

---

28 Brief an Josef Stockinger (1878–1963) von Katharina, geb. Stockinger, vom 16.2.1895.

Bereits während seiner Lehrzeit lernt Josefs Vater die Tochter des Tischlermeisters näher kennen und lieben. Ihre Beziehung entwickelt sich langsam und die Umgangsformen sind – zumindest nach außen hin und der „sittsamen" damaligen Zeit entsprechend – förmlich und kühl: *„Wenn Sie über freie Zeit verfügen, bitte ich wieder einmal um ein Schreiben."*[29] Nach dem Militärdienst und seiner mehrjährigen „Gesellenwanderung" mit Arbeitsaufenthalten vor allem in Wien[30] heiratet er im September 1906 seine Franziska („Fanny") und beginnt im Jänner 1907 in der „Österreichischen Waffenfabriks-Gesellschaft" als „Maschinen-Tischler" zu arbeiten. Die Dequalifizierung der Arbeitskraft durch den Einsatz von Werkzeugmaschinen ist eine Tendenz der Industriellen Revolution, als Gegenbewegung dazu werden aber auch gut ausgebildete und hoch qualifizierte Handwerker benötigt, die befähigt sind oder werden, diese technologischen Innovationen auch umzusetzen.[31]

Im August 1907 wird Josef geboren. Weitere Geschwister sind Franziska Leblhuber (1908–1975) und Franz, verstorben nach schwerer Kriegsverwundung 1963 mit 46 Jahren.

Der Vater verstirbt nach einem arbeitsreichen Leben ebenfalls 1963, die Mutter Franziska drei Jahre später.

29 Korrespondenz-Karte aus Wien, 1903.

30 Ab Juni 1895 als Tischlergeselle bei Emilian Milleret, Bechardgasse, dann beim „K.u.k. Hof-Kunsttischler Alexander Albert, Schützengasse, es folgen drei Monate bis Jänner 1903 in der „Bau- und Kunstmöbeltischlerei Victor Winter" im Stadtbahn-Viadukt Nro. 57–60" und bis Anfang Jänner 1907 die Großtischlerei „Portois & Fix", Ungargasse. Quelle: Arbeitsbuch Josef Stockinger (1878–1963). A. a. O.

31 Vergleiche bei: Ehmer, Josef: Familienstruktur und Arbeitsorganisation. A. a. O., 71.

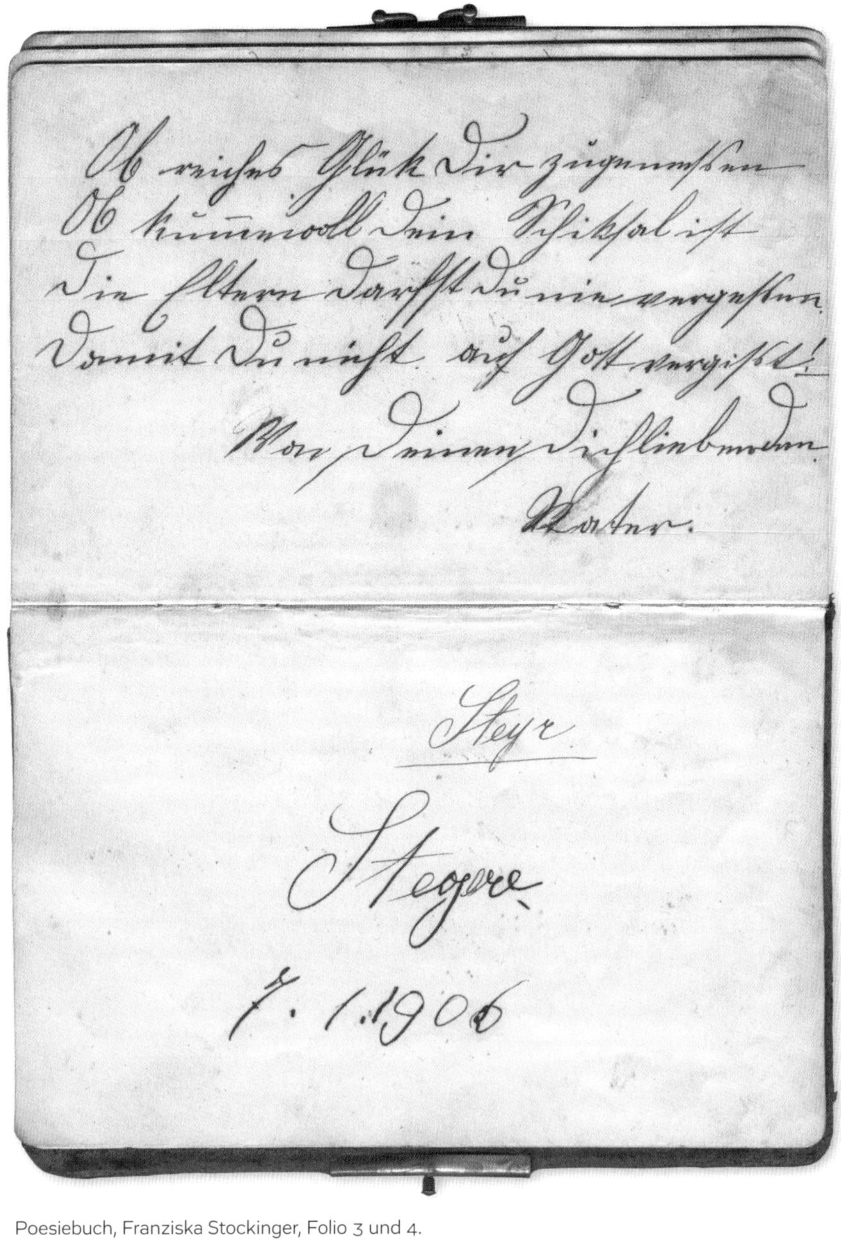

Poesiebuch, Franziska Stockinger, Folio 3 und 4.

„Ob reiches Glück Dir zugemessen, ob kummervoll Dein Schicksal ist.
Die Eltern darfst Du nie vergessen, damit Du nicht auf Gott vergisst.

Von Deinem Dich liebenden Vater, Steyr 7. 1. 1906"

Alltagsszene in der Gleinker Gasse in Steyr. Vermutlich Zwischenkriegszeit.

„Im Auge Traum (…)
Um den Mund enorm viel Jugend, ungelächelte Verführung“[32].
„Im Blicke noch der Kindheit Angst und Blau
und Demut da und dort, nicht eines Knechtes
doch eines Dienenden und einer Frau.“[33]

32 R. M. Rilke: Jugend-Bildnis meines Vaters. Zit. nach: Rilke, Rainer Maria: Sämtliche Werke. Band 2. Frankfurt am Main 1976. 522.

33 R. M. Rilke: Neue Gedichte I, Selbstbildnis aus dem Jahre 1906. Zit. nach: Rilke, Rainer Maria: Sämtliche Werke. A. a. O., 522 und 523.

Porträt Josef Stockinger (1907–1971) vom August 1928.

IM STRUDEL KAPITALISTISCHER DEPRESSION.

EINE STEYRER MINIATUR

Während des Ersten Weltkrieges gehören hungernde Kinder zum Alltag und sie mussten sogar Aufgaben im Haushalt übernehmen. So bestätigt beispielsweise das Klassenbuch der Steyrer Bürgerschule im Schuljahr 1918/19 für Josef entschuldigte Fehlstunden mit *„auf die Kleinen schauen"* und dass er mehrmals *„Lebensmittel holen"* musste.[34] Schüler erledigen (nicht nur bei Gas- oder Stromausfall) beim Licht der Petroleumlampen ihre Hausaufgaben, *„wobei sie sich, wegen des teuren Petroleums, beeilen müssen"*[35].

34 Schulakte der Bürgerschule Steyr, Klassenbuch Schuljahr 1918/19. Quelle: Stadtarchiv Steyr.
35 Hojka, Roman Raimund (Hg.): Bomberschütze und Augenzeuge. Amstetten 1999. 185.

Mangelernährung ist immer auch Anlass für Arbeitsniederlegungen in der Waffenfabrik.[36] Im Frühjahr 1915 wird betreffs Lebensmittelversorgung festgehalten: *„Da den Bäuerinnen die Lebensmittel gewaltsam abgenommen wurden und Preiserhöhungen eintraten, übernahm (...) die Stadtgemeinde den Butter- und Eierverkauf"* sowie die Abgabe *„von Kartoffeln und bosnischen Fettschweinen".* Es kommt zu Einschränkungen bei der Biererzeugung und *„trotz Einführung von Brot- und Mehlkarten verschlimmern sich die Verhältnisse."*[37]

„In vollster Blüte steht in jenen Wochen und Monaten der Schleichhandel. Zucker, Seife, Petroleum, Tabak oder Kerzen sind die Tauschobjekte für Butter, Eier und Fleisch. Die Stadt Steyr beschlagnahmt im Juli 1918 die gesamte Kartoffelernte und erlässt die Kundmachung, dass zu einer Mahlzeit pro Person und Tag maximal 11 dkg Rindfleisch oder Fisch in Gaststätten abgegeben werden dürfen. Die Verordnung hinkt allerdings der Realität bei weitem nach."[38] Für viele Menschen und Familien hat *„der Alltag längst aufgehört, als solcher zu existieren."*[39]

36 Stockinger, Josef (Hg.): Zeit die prägt. Steyr 2011. 39 ff. Vergleiche auch beispielsweise den sogenannten Beuschelstreik im Jahr 1917 bei: Gruber, Barbara: Kampf um Teilhabe. Die Steyrer Arbeiter- und Arbeiterinnenbewegung zur Zeit der Habsburgermonarchie. In: Arbeit. Wohlstand. Macht. Begleitband zur OÖ. Landesaustellung. Linz 2021. 179.

37 Ofner, Josef: Steyr. Kurzer geschichtlicher und kultureller Überblick. Steyr 1980. 147.

38 Ločičnik, Raimund: Leben zwischen Glauben, Hoffnung und Abgrund. Bauen, Wohnen und Alltag 1913–1939. In: Ločičnik, Raimund/Genenger, Horst: Strom kennt keine Grenzen. Steyr 2020. 213. Vergleiche auch die umfangreiche Darstellung von Hagmayr, Martin: Zwischen Boom und Krise. 100 Jahre Arbeit, Armut und Wohlstand in Steyr. In: Arbeit. Wohlstand. Macht. Begleitband zur OÖ. Landesaustellung. Linz 2021. 181 ff.

39 Ločičnik, Raimund: Leben zwischen Glauben, Hoffnung und Abgrund. A.a.O., 215.

Josef mit seinem jüngeren Bruder Franzl und dem Vater beim Neutor in Steyr um 1921.

Josef wächst in einem katholischen Milieu zunächst in der Berggasse 55[40], dann in einer Hinterhofwohnung am Steyrer Stadtplatz auf. Auch die schulische Sozialisation wird ihn stark prägen. Ein diesbezügliches Blitzlicht: Als Leitfaden und Handlungsanleitung für den Unterricht vermittelt ein von Lehrern mitverfasstes Heimatkundebuch das Weltbild dieser Zeit: *„(…) die Land- sowie Gebirgsbewohner sind ein kräftiger Menschenschlag, untersetzt, starkknochig und gestählt durch strenge Arbeit. Er hängt mit Leib und Seele am Ererbten, am Althergebrachten."*[41] Und zur Vermittlung der Werte der Monarchie heißt es: *„Hervorragende Männer, Feldherren, Dichter, Künstler und Gelehrte wirken für des Reiches Ruhm und Ehre."*[42] Nach fünf Klassen Volksschule und drei Jahren „Bürgerschule" am Franz-Josef-Platz (heute Enrica-von-Handel-Mazzetti-Promenade) ab Herbst 1918 hat er im Sommer 1921 seine Schulpflicht abgeschlossen.

---

40 Zweigeschossiges, spätgotisches Bürgerhaus. Die Bezeichnung „ehemaliges Scharfrichterhaus" ist falsch, da Scharfrichter nicht innerhalb der Stadtmauern leben durften (Hinweistafel des „Verein Heimatpflege Steyr" am Haus). Siehe: Liste der denkmalgeschützten Objekte in Steyr. – Wikipedia (8.2.2021).

41 Rolleder, Anton: Heimatkunde von Steyr. Steyr 1894. 69.

42 Rolleder, Anton: Heimatkunde Steyr. A.a.O., 30. Siehe auch: Ofner, Josef: Steyr. Kurzer geschichtlicher und kultureller Überblick. Steyr 1980. 144.

Ausblick vom Stadtpfarrturm in Steyr Richtung Norden, 1940er-Jahre.

„Wir Ministranten der Steyrer Stadtpfarrkirche hatten Zugang zum Kirchturm, manchmal haben wir bei Sonnenschein vom Turm herab unsere Notdurft verrichtet. Untenstehende Kirchenbesucher haben in den heiteren Himmel geblickt und sich über die vermeintlichen „Regentropfen" gewundert."[43]

Nach Beendigung seiner Schulzeit wird Josef am 18. Juli 1921 in Kirchham gefirmt. Pate ist sein Onkel Franz Stockinger, Bäckermeister[44] aus Laakirchen 59, der bereits Trauzeuge bei der Hochzeit seiner Eltern gewesen ist. Aus der Familienerzählung ist bekannt, dass Josefs eigentliche Lebensplanung auf ein Theologiestudium und das Priesteramt ausgerichtet ist, diese akademische Ausbildungsmöglichkeit aber aus finanziellen Gründen nicht realisiert werden kann.[45] Er ist vielseitig begabt, in gewissem Sinn universal gebildet: technisch-naturwissenschaftlich, musisch, kulturell und auch an philosophischen Fragen interessiert.

43 Dem Autor in den 1960er-Jahren mit einem unterdrückten Lächeln erzählt.
44 Zum Bäckerhandwerk aus historischer Sicht vergleiche bei: Reith, Reinhold (Hg.): Das alte Handwerk. A.a.O., 22 ff.
45 Information von Hilde Wendt, geb. Stockinger, Mai 2021.

Foto der Familie. Beschriftung auf der Rückseite:
„Zur Erinnerung an die Hochzeitsfeier unseres lieben Mariechens, am 26. Febr. 1933".

Wesentliche lebensgeschichtliche Informationen stützen sich auch auf eine vom Autor aufgebaute Datenbank für Ahnenforschung[46]. Damit werden nachfolgende Daten strukturiert gesammelt, verknüpft und ausgewertet: geografische Angaben, Berufe und Lebensgrundlagen, Zuwanderung und sozialer Aufstieg, Anzahl der Kinder bzw. ob diese überlebt haben sowie Todesursachen. Des Weiteren Angaben aus den Trauungsbüchern und den davon ableitbaren Zusammenhängen zu Familie und Freunden sowie gegebenenfalls Abweichungen vom katholischen Religionsbekenntnis. Letzteres kommt allerdings nicht vor.

46 Das Ahnenforschungsprogramm „Ages 2.1.0" ist für das gesamte Datenmanagement des Buches mit rund 270 erfassten Biografien ein wichtiges Unterstützungstool.

Im Oktober 1921 beginnt Josef eine zukunftsorientierte Lehrausbildung als Elektromechaniker bei „Elektro Kammerhofer, Doppler und Co." in Steyr, die er im Oktober 1924 abschließt. Neben elektrotechnischen Installationen kümmert sich die Firma – damals ein kleines Kuriosum – auch um *„Sprechmaschinen sowie Schallplatten"*.[47] An der Steyrer „Bundeslehranstalt für Eisen- und Stahlbearbeitung und für Elektrotechnik" besucht er – berufsbegleitend bzw. Zeiten von Arbeitslosigkeit nutzend – von 1927 bis 1929 zwei umfangreiche „Kurse über Elektrotechnik".[48]

In dieser Zeit ist Steyr eine der ärmsten Städte Österreichs. Die Fahrzeugfabrik bestimmt *„als industrielles Zentrum die Geschicke der gesamten Region"*.[49] Der damalige Magistratsdirektor hält fest: Diese Fabrik ist der *„Herzschlag. Handel und Wandel stehen, wenn der Betrieb zurückgeht oder stockt"*.[50]

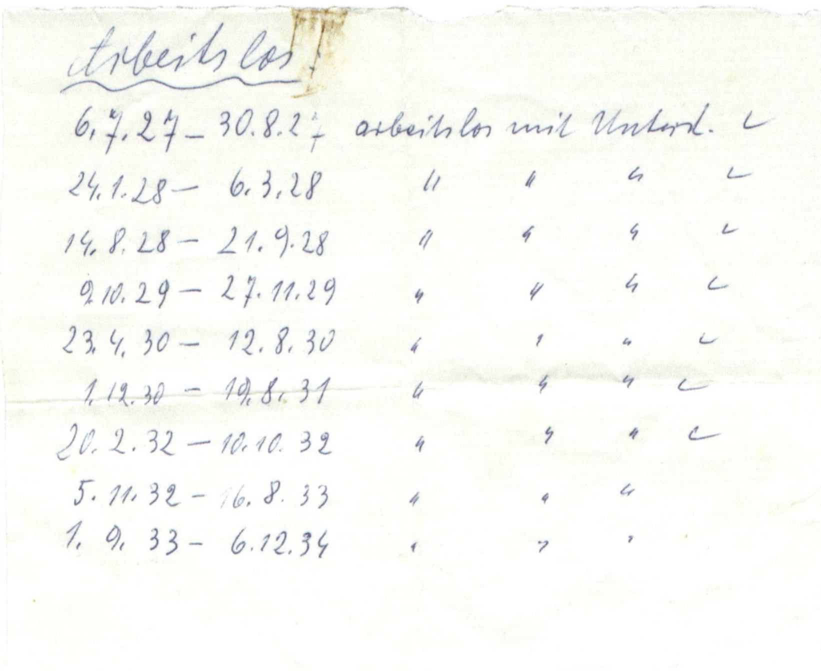
Arbeitslos!
6.7.27 – 30.8.27 arbeitslos mit Unterst.
24.1.28 – 6.3.28 " " "
14.8.28 – 21.9.28 " " "
9.10.29 – 27.11.29 " " "
23.4.30 – 12.8.30 " " "
1.12.30 – 19.8.31 " " "
20.2.32 – 10.10.32 " " "
5.11.32 – 16.8.33 " " "
1.9.33 – 6.12.34 " " "

47 Steyrer Geschäfts- und Unterhaltungskalender 1931. 6.
48 Diverse Zeugnisse.
49 Stockinger, Josef: Die roten Nelken verblassen. Zur Entwicklung der sozialistischen Arbeiterbewegung in Steyr bis 1934. In: Arbeit.Mensch.Maschine. Der Weg in die Industriegesellschaft. Beiträge. Linz 1987. 259.
50 Häuslmayr, Ferdinand: Die Stadtfinanzen. 1928. Zit. nach: Ofner, Josef: Steyr. A.a.O., 149.

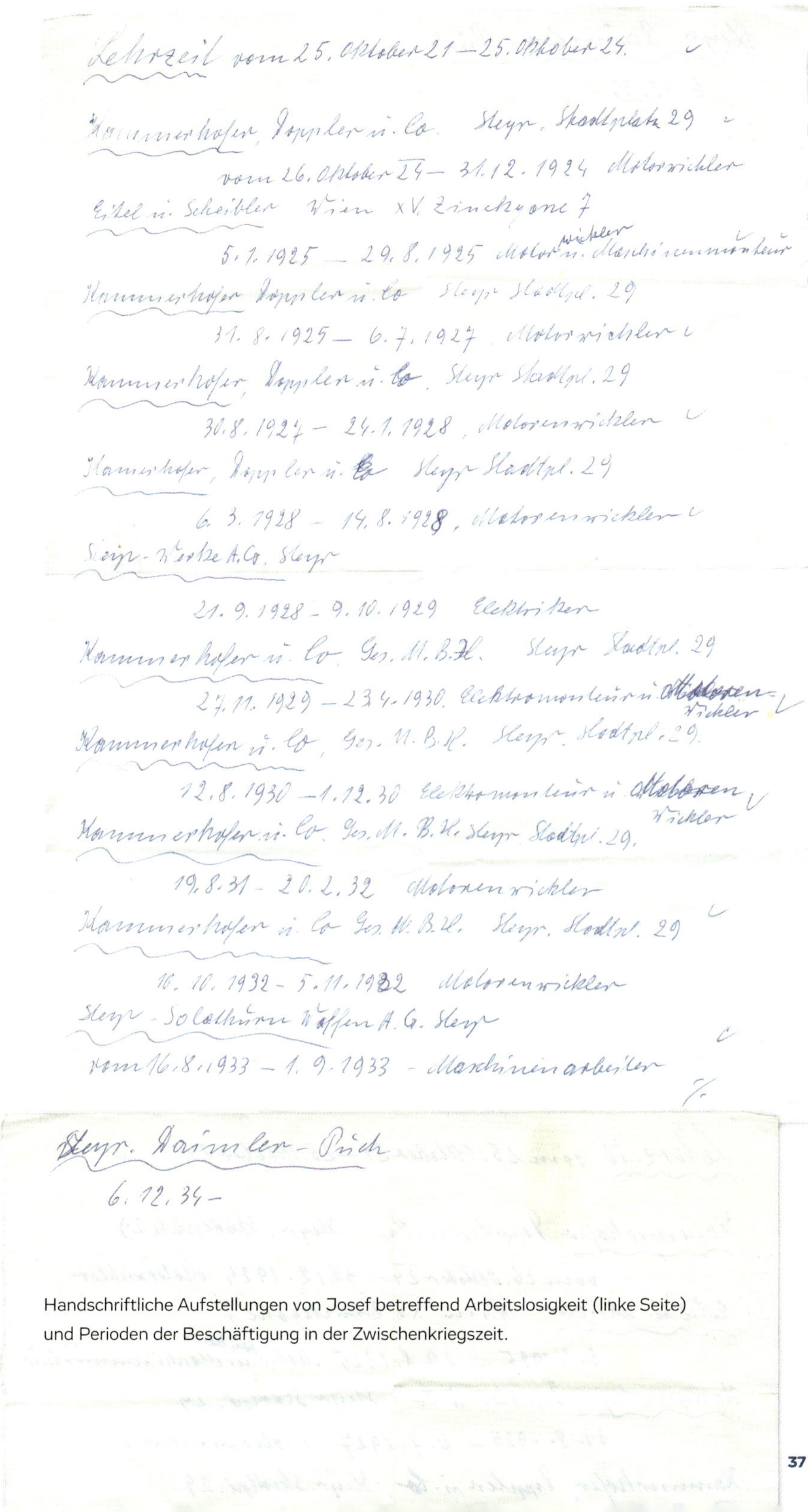

Lehrzeit vom 25. Oktober 21 – 25. Oktober 24.

Hammerhofer, Doppler u. Co. Steyr, Stadtplatz 29

vom 26. Oktober 24 – 31. 12. 1924 Motorwickler

Eitel u. Scheibler Wien XV. Zinckgasse 7

5. 1. 1925 – 29. 8. 1925 Motorwickler u. Maschinenmonteur

Hammerhofer Doppler u. Co Steyr Stadtpl. 29

31. 8. 1925 – 6. 7. 1927 Motorwickler

Hammerhofer, Doppler u. Co. Steyr Stadtpl. 29

30. 8. 1927 – 24. 1. 1928, Motorenwickler

Hamerhofer, Doppler u. Co Steyr Stadtpl. 29

6. 3. 1928 – 14. 8. 1928, Motorenwickler

Steyr-Werke A. G. Steyr

21. 9. 1928 – 9. 10. 1929 Elektriker

Hammerhofer u. Co. Ges. M. B. H. Steyr Stadtpl. 29

27. 11. 1929 – 23. 4. 1930. Elektromonteur u. Motorenwickler

Hammerhofer u. Co, Ges. M. B. H. Steyr. Stadtpl. 29.

12. 8. 1930 – 1. 12. 30 Elektromonteur u. Motorenwickler

Hammerhofer u. Co. Ges. M. B. H. Steyr Stadtpl. 29.

19. 8. 31 – 20. 2. 32 Motorenwickler

Hammerhofer u. Co Ges. M. B. H. Steyr. Stadtpl. 29

10. 10. 1932 – 5. 11. 1932 Motorenwickler

Steyr-Solothurn Waffen A. G. Steyr

vom 16. 8. 1933 – 1. 9. 1933 – Maschinenarbeiter

./.

Steyr. Daimler-Puch

6. 12. 34 –

Handschriftliche Aufstellungen von Josef betreffend Arbeitslosigkeit (linke Seite) und Perioden der Beschäftigung in der Zwischenkriegszeit.

Detailreich protokolliert Josef seine Arbeitsbiografie. Im Februar 1930 sind beinahe zwei Drittel der Arbeiter und Angestellten im Bezirk Steyr arbeitslos und zum Teil auf öffentliche Fürsorge angewiesen.[51] *„Arbeiter wurden immer mehr zu Saisonarbeitern degradiert, die nur vorübergehend auf Monate im Betrieb sind".*[52] Menschen ohne öffentliche Unterstützung – sogenannte „Ausgesteuerte" – versuchen sich mit Gelegenheitsarbeiten über Wasser zu halten. Ein Arbeiter blickt zurück: *„In den 1930er-Jahren ist der Freitag in Steyr allgemeiner Betteltag. In den Geschäften ist ein Holznapf mit Zweigroschenstücken gestanden, aus dem sich jeder, ohne zu fragen, eine Münze herausnehmen konnte".*[53] Jüdische Kaufleute wie Nathan Pollak *„waren bekannt dafür, dass sie ihre Kundschaft – vor allem aus Arbeiterkreisen – ‚anschreiben' ließen, also Kredit für Einkäufe gewährten."*[54] Ein sozialdemokratischer Funktionär aus Letten bei Sierning im Steyrtal schildert seine prekäre Lage. Er möchte einen Brief nach Wien schicken, muss mit dem Absenden jedoch auf die Arbeitslosenauszahlung warten *„da ich die Mittel nicht habe, um Marken kaufen zu können. Ich bin schon seit sieben Jahren arbeitslos."*[55]

Blick auf das Haupttor der Steyr-Werke in der Zwischenkriegszeit.

51 Steyrer Tagblatt Nr. 39 vom 16.2.1930.
52 Österreichischer Metallarbeiterverband. Protokoll des 15. Verbandstages vom 16. bis 29.9.1930. Wien 1930. 156.
53 Interview des Autors mit Herrn Anton Frank, Steyr, vom 6.3.1984.
54 Neuhauser-Pfeiffer, Waltraud: Nicht dazugehörig? Jüdisches Leben in Steyr. In: Arbeit. Wohlstand. Macht. Begleitband zur OÖ. Landesaustellung. Linz 2021. 157.
55 Stockinger, Josef (Hg.): Zeit die prägt. A.a.O., 87.

Steyr-Werke, Abteilung 36, um 1930. Josef Stockinger in der 4. Reihe mit dem Sportleibchen.

Im Februar 1934 verteidigt die Arbeiterschaft erfolglos die sozialen und demokratischen Errungenschaften der Ersten Republik. Im Dezember 1934 findet Josef Arbeit in den Steyr-Werken. Vermutlich spielt dabei auch seine christliche Gesinnung eine Rolle. Eine Mitgliedschaft als „Kamerad und vaterlandstreuer Oberösterreicher"[56] in der Heimwehr ist allerdings nicht überliefert. Der Einfluss von christlich-sozialer Seite vor 1933 ist sehr gering, zu dieser Zeit auch noch jener der Nationalsozialisten. Christlich-soziale Funktionäre bringen zwischen 1920 und 1933 nie eine Kandidatur für den Arbeiterbetriebsrat zustande, das Mandatsverhältnis zwischen sozialistischen und kommunistischen Vertretern ist im selben Zeitraum rund 87 zu 13 Prozent.[57] 1930 kandidiert eine Heimwehrliste, erreicht mit lediglich 117 Stimmen allerdings kein Mandat.

---

56 Aus einem Flugblatt der Heimwehr vom Februar 1934. OÖLA. BH Steyr, Fasz. 116. In OÖ ist der demokratische Flügel der Christlich-Sozialen stärker ausgebildet, der Kontakt zur Heimwehr voller Spannungen. Siehe: Hanisch, Ernst: Der politische Katholizismus. A. a. O., 69.

57 Ausgewertet nach: Stockinger, Josef: Die Entwicklung der Arbeiterbewegung in der Stadt Steyr und ihrer Umgebung von 1918 bis 1934. Diss. phil. Univ. Salzburg 1986. 74.

Blick auf den Steyrer Grünmarkt, vermutlich frühe 1920er-Jahre.

Um die Beschreibung der Lebenswelt zu vervollständigen: *„1918 gibt es in Steyr knapp 1.300 Wohnhäuser, die von rund 5.100 Parteien bewohnt sind. Weit mehr als die Hälfte davon bestehen aus einem Raum oder aus Zimmer und Küche"* überliefert ein Protokoll des Steyrer Gemeinderates.[58] Vom Wohnungselend[59] in der Stadt ist auch Josefs Familie betroffen. Die Eltern wohnen mit drei Kindern in einer schattigen, schwer zu beheizenden zweiräumigen Hinterhofwohnung am Steyrer Stadtplatz[60], im Winter fehlt das Brennmaterial. Zwei erwachsene Brüder teilen sich ein Zimmer. *„Bis zu den Ohren bin ich zugedeckt. Nur die kalte Nasenspitze und die Hände schauen bei der Tuchent heraus. Es ist ziemlich kalt in unserem Schlaf-Eiskeller."*[61]

58 Protokoll des Steyrer Gemeinderates, 24. April 1918.

59 Über den Wohnbau und das Wohnungselend der Zwischenkriegszeit bei: Ločičnik, Raimund: Leben zwischen Glauben, Hoffnung und Abgrund. A. a. O. bzw. Stockinger, Josef (Hg.): Zeit die prägt. A. a. O., 48 f.

60 Stadtplatz 46. (Historisches) Melderegister der Stadt Steyr. Datenblatt zu Josef Stockinger (1907–1971).

61 19471127 J. **Die Briefzitate sind nachfolgend angegeben jeweils mit: Briefdatum plus der Abkürzung V (= Vilma) bzw. J (= Josef).**

Die Ernährungssituation betreffend schreibt Josefs Bruder aus einem Sommerlager zu Anfang der 1930er-Jahre an seine Eltern: *„Bei uns ist das Essen nicht besonders, es ist von der komischen Hilfsaktion. Brot bekommen wir zwei Stück täglich."*[62] Menschen ohne solche „Versorgungsmöglichkeiten" versuchen in der Zwischenkriegszeit der Mangelernährung mit allen Mitteln gegenzusteuern. Brot wird durch andere Nahrungsmittel wie Kartoffeln, aber auch durch Obst – das leichter und billiger zu „beschaffen" ist – ersetzt. Stadtbewohner haben bei Bauern nach deren Getreideernte einen sogenannten „Halmacker" gemietet, um darauf (trotz der späten Jahreszeit) noch Gemüse für den Winter anzubauen. Dies wird durch die eigene Arbeitsleistung oder die ihrer Angehörigen während der Erntezeit abbezahlt. Oder sie haben neben ihren Häusern und Baracken in Eigenregie Stallungen errichtet, in denen sie Hasen-, Hühner- und Ziegenzucht betreiben.[63]

62 Ansichtskarte von Josefs Bruder Franz aus Altmünster-Ebenzweier. Ca. 1931.
63 Stockinger, Josef (Hg.): Zeit die prägt. A. a. O., 54.

Josef Stockinger (rechts) und unbekannter Freund. Laut Auskunft von Herrn Otto Treml waren die Fahrzeuge Motorräder der Marke Puch 200. September 1937. Vermutlich in Hallstatt.

„Am Sonntagmorgen 1, 2, 3,
das Motorrad schnell herbei,
Benzin gefüllt, nicht lange gewartet.
Flugs, es ist schon angestartet,
jetzt kann es losgehen, ach wie fein,
die Fahrt geht über Stock und Stein.
Von den Bergen bis zum Donaustrand,
fahren wir durchs Heimatland."[64]

Rund 400 Motorräder sind zu dieser Zeit in Steyr zugelassen, es ist ein *„Fahrzeug, das sich auch ärmere soziale Schichten leisten können."*[65] Eine kleine Randbemerkung: Mitte der 1930er-Jahre ist Motorradfahren durch eine geschlossene Ortschaft, nur spärlich mit Lederhose und Hemd bekleidet, wegen „Verletzung des öffentlichen Anstandes" eine von der Bezirkshauptmannschaft geahndete Verwaltungsübertretung.[66] Erst nach dem Zweiten Weltkrieg, im Jahr 1959, gibt es mehr privat genutzte Pkw als Motorräder und Roller.[67]

---

64 19471024 J
65 Schmid, Georg: Das Auto holt auf. In: Bewegung/Beharrung. Wien 1994. Zit. bei: Hanisch, Ernst: Landschaft. A. a. O., 74.
66 Information von Herrn Otto Treml vom 12.6.2021.
67 John, Michael: Vom Abenteuer zum Alltag: Auto-Mobilität. Zur Geschichte einer Transformation. In: Arbeit. Wohlstand. Macht. Begleitband zur OÖ. Landesaustellung. Linz 2021. 327.

Josef Stockinger (links) mit seinem Bergsteigerfreund Franz Kierer am Dachstein. August 1939.

Josefs Leidenschaft gilt auch dem Bergwandern und Bergsteigen, das „in die Berge gehen" ist für ihn Naturgenuss. Für viele Menschen ist die Natur eine der wichtigsten Sinnesressourcen, sie kann helfen, das verlorene Gleichgewicht wiederzufinden und alle Sinne zu reaktivieren.[68] Er liebt auch sonst das Unterwegssein mit Freunden und hat Freude am Sport. *„Die Natur ist ja überall schön, überhaupt wenn man sie mit richtigen Augen ansieht."*[69] *„(...) oft denke ich mir wie schön müsste es jetzt auf diesem oder jenem Berggipfel sein, wenn im roten Leuchten der aufgehenden Sonne die Felsen ringsum glühen und wenn im Tal tief unten noch die letzten Schatten der Nacht liegen. Wenn die Flussläufe entlang der Nebel lauert und der leise Morgenwind, wie Gottes Atem, einen umspielt. Oder wenn nach dem Sinken der Sonne die ersten Sterne über den steinernen Riesen der Heimat aufblinken."*[70] Eine Tour führt ihn beispielsweise *„durch den kühlen romantischen Wendtbach"*[71] mit Übernachtung im Bauernhof Hintsteiner nahe der Nixloch-Höhle in Losenstein.

In Bezug auf Beziehungen zu Frauen hält Josef nach dem Krieg rückblickend fest: *„Ich war halt von jeher, das war immer mein großer Fehler, dem anderen Geschlecht gegenüber zu viel zurückhaltend und bescheiden. Es ist schon schön, wenn ein Mann sich beherrschen und ritterlich sein kann. Aber immer ist es nicht gut."*[72]

---

68 Vergleiche bei: Hanisch, Ernst: Landschaft. A. a. O., 31.
69 19470404 J
70 19470827 J
71 19470922 J
72 19470416 J

Blick vom Steyrer Neutor Richtung Ennstal.

Josef fühlt sich hier wohl: *„Gestern abends ging ich nach langer Zeit wieder einmal spazieren, sozusagen frische Luft schnappen. Ich schlenderte durch die Winkel und alten Gäßchen, zu manchem, mir von Kindheit an vertrauten malerischen Winkel unserer Stadt. Von einer nahen Anhöhe zeigen sich die himmlischen Berge, wenn sie die Abendsonne noch einmal mit ihren letzten Strahlen grüßt."*[73] Ähnliche Naturerfahrungen hat der Steyrer Altbürgermeister Franz Weiss, wenn er aus seiner Jugend in den 1930er-Jahren erzählt: *„Für uns war die Natur unser Freizeitpark. Wir kannten jede Staude, alle Früchte und Hölzer, die Tiere und Pflanzen des Waldes. (...) Als Buben sind wir oft über die Enns geschwommen, flussaufwärts marschiert und anschließend mit den Flößern mitgefahren bis zur Boig* (in Garsten, J.S.).*"*[74]

73 19470410 J
74 Ločičnik, Raimund: Leben zwischen Glauben, Hoffnung und Abgrund. A.a.O., 225.

Abwechslungsreiche Freizeitvergnügen sind auch der Besuch am Steyrer-Markt mit *„Ringelspielprater"*, die Beobachtung eines *„Stierkampfs auf der „Frohen-Jugend-Wiese"* sowie Skifahren am Damberg. *„Um 14 Uhr ist in Garsten großes Schispringen, das interessiert mich, weil von uns auch einer mitspringt. Der ist vorigen Sonntag in Ebensee 57 ½ m gesprungen. Ein anderer Steyrer ist in Ebensee Zweiter geworden, ist aber gestürzt und hat sich angeblich die Wirbelsäule gebrochen."*[75]

Josefs Leben ändert sich unvermittelt, als er am 25. März 1943 zur Deutschen Wehrmacht eingezogen wird. Dieses Datum bleibt unauslöschlich in seinem Gedächtnis verankert. Im Taschenkalender aus dem Jahr 1956, in dem eigentlich nur die Geburts- und Namenstage der Angehörigen vermerkt sind, steht an diesem Tag: *„1943 nach Hollabrunn eingerückt"*.[76]

75 19500114 J, 19500121 J
76 Taschenkalender Josef (1907–1971) aus dem Jahr 1956.

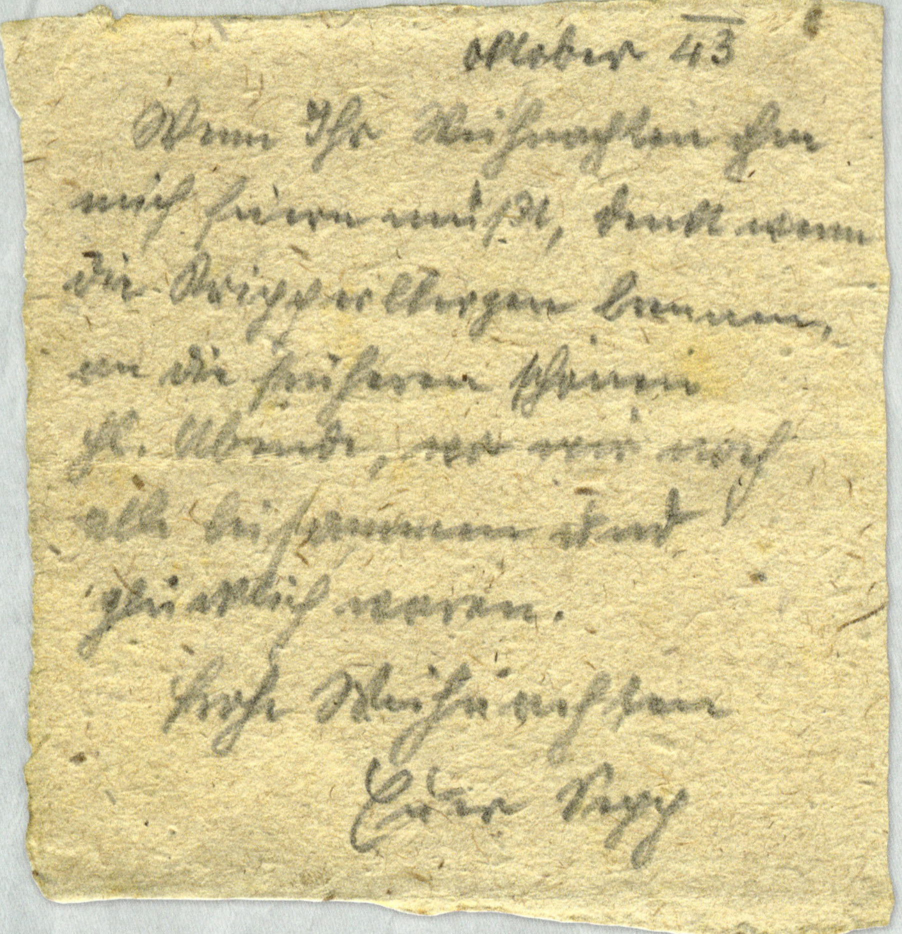

Faksimile eines kleinen Handzettels,
geschrieben in der Kaserne Kaiserebersdorf im Oktober 1943.

„Oktober 43. Wenn Ihr Weihnachten ohne mich feiern müsst, denkt wenn die Kripperlkerzen brennen, an die früheren schönen Hl. Abende, wo wir noch alle beisammen und glücklich waren.

Frohe Weihnachten
Euer Sepp"

Die Eltern (Mitte) mit den beiden Söhnen Josef (links) und Franzl.
„Zur Erinnerung an unser Beisammensein im Kriegsjahr 1944".

„WENN WIR NUR ALLE DEN KRIEG ÜBERLEBEN."
DIE BRIEFE AN SEINE ELTERN

„Was macht das Kripperl? Habt ihr die heiligen drei Könige aufgestellt? Lasst ihr es nach altem Brauch bis Lichtmess stehen? Ich habe es noch im Geiste vor mir. (…) Weihnachten habe ich, seit ich ein kleiner Bub war, bis auf den heutigen Tag immer gerngehabt. Ich denke abends in einer stillen Stunde oft an jene Zeit zurück. Als wir noch Kinder waren und alle anderen Weihnachten überdenke ich."[77]

77 19440113 J und 19431209 J

Sowohl eine tief verwurzelte (katholische) Religiosität als auch der lange, lebensbegleitende Armeedienst in der Monarchie prägen generationsübergreifend die Mentalität und Weltanschauung der Menschen im beginnenden 20. Jahrhundert.[78] Die Familie besinnt sich immer wieder der traumatischen Erlebnisse aus dem Ersten Weltkrieg, die Josef sicher aus Erzählungen bekannt sind. So schreibt sein Cousin Rudolf Wesely: *„Als wir am Tage der Ablösung dort hinkamen, wo wir heute sind, war es ½ 2 Uhr nachts und wir mussten ganz unter freiem Himmel schlafen, dabei war es so kalt, dass mein Wasser in meiner Feldflasche zu Eis ward, als wir früh um 5 Uhr aufstanden. Heute liegen wir im Zelt, die* (sic, J.S.) *uns zwar vor Nässe, aber nicht vor Kälte schützen. Darum sieht man uns, solang wir dürfen, abends beim Feuer sitzen. Den ganzen lieben Tag aber arbeiten wir wie die Maulwürfe in der Erde, damit wir bald von aller Kälte erlöst sind. (…) Nun, da ich zum ersten Mal dem Feinde etwas näher bin, muss ich Euch schreiben, was ich schon mitgemacht habe. Am Sonntag, den 29. August, hatten wir Vormittag ein Gefecht, das war mein erstes und von meinem Schwarm wurde Zeitlinger verwundet. (…) Ich selbst bekam einen Streifschuss, der meinen Rucksack und in diesem mein Zeltblatt[79], meine Blechschüssel und einige Wäschestücke durchlöcherte. Es war Schutzengelsonntag und ich muss sagen, mein Schutzengel war zugegen. (…) Am zweiten September hatte ich ein Nachtgefecht. Liebe Eltern, damals konnte ich es unserem lieben Herrgott danken, dass mir nichts geschah. 240 Mann gingen vor zum Sturm, es war dies die ganze 4. Compagnie, und als der Morgen graute, da sammelten wir uns, und wir warteten vergebens auf 170 Mann. Ich hatte in dieser Nacht alle Kameraden verloren".*[80] Auch er kehrt nicht mehr aus dem Krieg zurück, er ist vor dem Jahr 1917 an der Front gefallen.

Die bereits latent vorhandenen autoritären Traditionen aus der Monarchie und der Zeit des Ständestaats werden später im Nationalsozialismus zur totalen, durchstrukturierten gesellschaftlichen Militarisierung.[81] Und nach dem Zweiten Weltkrieg bleibt „soldatisches Empfinden" eine verinnerlichte

---

78 Sandgruber, Roman: Hitlers Vater. Wie der Sohn zum Diktator wurde. Wien-Graz. 2021. 8.
79 Jeder Soldat trägt ein Zeltblatt mit und zusammengeknöpft ergibt es ein Mehr-Mann-Zelt. (Information von Frau Dr. Ines Bernt-Koppensteiner)
80 Feldpostbrief Rudolf Wesely vom 28.10.1915. Ort nicht ermittelt. Dieser Brief wurde auch als Leserbrief zum Abdruck in der Wochenendausgabe einer (nicht ermittelten) Zeitung übersandt.
81 Rathkolb, Oliver: Die paradoxe Republik – Österreich 1945 bis 2010. TB. Wien 2017. 17.

Lebenseinstellung: *„Ein Soldat kann auch nicht nur solange Soldat bleiben, als alles schön und lustig ist, solange die Militärmusik nur flotte Märsche spielt. Er muss auch dann seinen Mann stellen und auf seinem Posten ausharren, wenn es ernst werden sollte. Wenn die Militärmusik das Gebet vor der Schlacht spielt"*[82], schreibt Josef 1947 an seine Verlobte.

Achtzehn briefliche Mitteilungen[83] lassen uns an seiner Gedanken- und Gefühlswelt teilnehmen und geben Einblick in die Alltagssituation der Familie in Steyr. Die Themen kreisen um die Bewältigung des Kriegsalltags, um Erkundigungen nach dem Wohlergehen der Angehörigen, die Situation in Steyr und vor allem um die eigene gesunde Rückkehr aus dem Krieg. Er erfüllt kleine Wünsche, legt dem Brief *„ein Zigaretterl für den Vater"* bei und schickt ein Selbstporträt.

„Alles fürchtet einen Krieg, und eine Begeisterung für den Krieg, so wie es im Jahre 1914 war, ist nicht festzustellen, eher das Gegenteil"[84], berichtet im Juli 1938 der Gendarmerieposten aus Steyr-Gleink. Der Kriegsbeginn am 1. September 1939 löst bei den Menschen einen Schock aus, obwohl der Alltag – durch die raschen militärischen Erfolge bei zunächst geringen Menschenverlusten auf deutscher Seite und vorerst nicht allzu einschneidenden Sparmaßnahmen bei Lebensmitteln – zunächst „normal" weiterläuft.

Wie viele Österreicher wird Josef nach der Machtübernahme der Nationalsozialisten „gemustert" und im März 1943 zur Deutschen Wehrmacht eingezogen.[85] Er verinnerlicht seine Stimmung vom Weg zum Abschied am Steyrer Bahnhof[86] und ruft auch nach dem Krieg dieses prägende Bild in Erinnerung: *„Wenn man jetzt über die Ennsbrücke geht, kann man wieder das Rauschen der Enns – und ihrer kleineren Schwester, der Steyr – hören (…)."*[87]

---

82 19470730 J

83 Achtzehn handschriftliche Briefe von Josef an seine Mutter bzw. seine Eltern im Zeitraum 6.6.1943 bis 22.3.1945 sowie andere schriftliche Mitteilungen (Ansichtskarten) begleiten und dokumentieren seinen „Dienst" in der Deutschen Wehrmacht. Geschrieben meist mit Bleistift in Kurrentschrift. Aufgabeorte nicht immer eindeutig zuordenbar, Kuverts gingen verloren. Die Briefe sind nach Steyr, A. Hitlerplatz (Stadtplatz) 46, adressiert.

84 Retzl, Helmut/Stockinger, Josef: „Zum Gedenken an die NS Diktatur in Steyr 38-45", Sondernummer zum Amtsblatt der Stadt Steyr, Marz 1988. A. a. O., 3.

85 Stammkompanie/Grenadier-Ersatzbataillon 1/462 in Hollabrunn. Die „Kaserne" besteht aus nur drei Baracken, der Anger wird als „Exerzierplatz" und für Gefechtsausbildung verwendet. Beitrag aus Facebookgruppe „Kriegstagebücher und Erlebnisberichte aus dem 1. und 2. Weltkrieg".
URL: www.facebook.com/groups/kriegstagebuecher (17.5.2021) und Wehrpass Josef (1907–1971) vom 3.4.1939.

86 Die Tochter Hildegard Wendt erinnert sich an diese Erzählungen aus ihrer Kindheit.

87 19471024 J

Franz Steinmaßl weist darauf hin, dass die Zeiten an der Front als kein *„gewöhnliches"* Soldatenleben beschrieben werden können. *„Der Zweite Weltkrieg war etwas viel Schlimmeres, nämlich ein von Anfang an geplantes Verbrechen."*[88]

Josef hat ein sehr gutes Verhältnis zu seinen Eltern, insbesondere eine starke Bindung an seine Mutter. Mit 12 Jahren schreibt er ins Poesiebuch: *„Zur ewigen Erinnerung: Mutter, o vergiss mein nicht. Ich vergeß Dich ewig nicht. Von Ihrem dankbaren Sohn Pepi. Steyr, Sonntag den 24. November 1919."*[89] Die briefliche Kommunikation innerhalb der Familie verläuft – situations- und kriegsbedingt – nicht immer reibungslos. Anfangs ist die Stimmung noch ungetrübt, die Eltern schreiben (etwa 1939) an Josef: *„Wie schön wäre es wohl hier, wenn wir Dich bei uns hätten. Das war nur in der Eile, eine Zeile, alles gründlich, später mündlich. Ich tu grad blasen im Brauhof, Bierlein ist gut, Vater."*[90] Mit dem fortdauernden Alleinsein, mit den quälenden Gedanken an die beiden Söhne an der Front verdüstert sich die Stimmungslage. Die Eltern schreiben: *„Wir sind so in Sorge, weil Du nicht schreibst., ob Du Packl und Brief erhalten hast? Vater ist erkrankt mit schwerer Grippe und der Kummer um Dich trägt auch dazu bei. (…) D*(eine).*D*(ich).*l*(iebenden) *Eltern."*[91]

„Um diese Sendung wäre mir besonders leid gewesen, wenn sie verloren gegangen wäre wegen deiner Hautcreme liebe Mutter. Jetzt sind halt noch zwei Packl fällig aber die haben am Ende schon die Fische gefressen oder es hat einer den böhmischen Cirkel[92] *damit gemacht".* Von der Front werden, den Briefen eingelegt, Zigaretten nach Österreich geschickt. *„Wenn doch wenigstens etwas angekommen ist. Es ist zwar traurig, aber man muss heutzutage schon zufrieden sein, wenn ein gewisser Prozentsatz von dem was man schickt nach Hause kommt."*[93]

Neben alltäglichen Erkundigungen, ob *„im Garten von dem was ich angesetzt habe etwas herausgewachsen ist?"*[94] wird auch die Situation in

88 Steinmaßl, Franz: Mollner Jahre. A.a.O., 232.
89 Poesiebuch Franziska Stockinger, 24.11.1919. Kinder sprachen Eltern in respektvoller Höflichkeitsformel mit „Sie" an.
90 Ansichtskarte der Eltern aus Linz an Josef (* 1907), Adolf Hitlerplatz 46, Steyr.
91 Karte aus Steyr vom 29.4.1943 – adressiert an die „4.MG Ausb.Komp I/462 in Hollabrunn, N.D."
92 Die Redensart „einen böhmischen Zirkel machen" = stehlen war allgemein gebräuchlich http://www.hdbg.de/boehmen/downloads/karl-und-karl.pdf. (17.5.2021).
93 19440528 J, Pfingstsonntag.
94 19430703 J

der Rüstungsindustrie in den Steyr-Werken nachgefragt: *„Ich bin richtig froh, dass beim Vater alles so gut vorbeigegangen ist bei der Operation. Ich lasse ihn recht schön grüßen und ihm recht baldige Besserung wünschen und wenn es dann soweit ist soll er sich nicht „abschoasseln" lassen und vielleicht gar wieder zur alten Arbeit gehen. Wenn es schon nicht möglich ist von der Fabrik loszukommen, so darf er nur eine ganz leichte sitzende Arbeit annehmen."*[95]

In der Familie werden Informationen über die unterschiedlichsten Aufenthaltsorte und das Befinden der Angehörigen ausgetauscht: *„Unser Rudl ist jetzt in Warschau mit gefrorenen Füßen, kommt aber später nach Wien zur Ausheilung. Franz ist noch in Strebersdorf in der Kaserne, kommt aber auch in 3 Wochen weg."*[96] Josefs Onkel schreibt: *„(…) und unser Franz ist in Linz, wo er hinmuss, wissen wir nicht, Willi ist in Friesland, der Annerl ihr Mann ist für drei Wochen in Hollabrunn (…)."*[97] Auch Josef erkundigt sich nach den Geschwistern, bittet seine Mutter: *„Schicke, wenn es dir möglich ist, dem Franzl dafür öfter etwas. Er bekommt es sicherer und es tut ihm bestimmt mehr Not wie mir, weil er ja ohnehin ganz ausgeblutet ist."*[98] *„Ich schreibe ihm heute noch einen Brief, dem armen Hund. Vielleicht ist doch der Krieg jetzt aus für ihn. Er hätte genug geleistet"*[99], schreibt er und umschreibt damit das allgemein herbeigesehnte Ende des Krieges. Viele ihm nahestehende Freunde verbringen die besten Jahre ihres Lebens an der Front bzw. später in Kriegsgefangenschaft.[100] Sein langjähriger Jugendfreund und Bergtourenbegleiter Hans Hinterholzner kehrt nicht mehr zurück. Josef schreibt resigniert: *„Morgen hat Frau Hinterholzner ihren Namenstag. (…). Ihr Herzenswunsch, dass der Hansl noch einmal heimkehrt, geht halt leider nicht mehr in Erfüllung."*[101] Rund 247.000 Österreicher, die in der Deutschen Wehrmacht gedient haben, kommen ebenfalls nicht mehr zurück[102], über 1.000 Menschen aus Steyr kommen durch Kriegsereignisse ums Leben.[103]

---

95 19430815 J
96 Ansichtskarte aus Laakirchen an Fanny Stockinger in Steyr. Zeitpunkt nicht mehr zu eruieren.
97 Ansichtskarte von Franz Stockinger, Bäckermeister in Laakirchen an Josef Stockinger, Steyr, Mai 1943.
98 19440528 J
99 19450226 J
100 So ähnlich formuliert es auch Otto Schwaiger: A.a.O., 15.
101 19450226 J
102 https://austria-forum.org/af/AEIOU/Kriegsopfer. (25.5.2021).
103 Bernt-Koppensteiner, Ines: Migrationsstadt Steyr. A.a.O., 245.

Franz Laserer (gefallen zwischen 1943 und April 1945), ehemaliger enger Freund von Vilma.
„Dieses Bildchen Dir liebes Haserl für immer in Treue und Liebe Dein Franzi 24. 10. 1942".

Eines von zigtausenden typischen Soldatenfotos. Aufbewahrt und verehrt, verbleibt es den Hinterbliebenen als letztes Andenken an den geliebten Menschen. Als Antwort für ihre Kondolenzwünsche schreibt eine Freundin der Familie: *„(…) für Eure lieben Worte des Trostes recht vielen Dank. Vielleicht ist Mutter viel erspart geblieben, was wir vielleicht noch alles erleben müssen. Wussten bereits von Franzl seiner Verwundung. Ich wünsche ihm und Euch, dass alles wieder gut ausgehen möge. Der Arme muss sich schon so viel mitmachen. Hoffentlich hat Sepp* (Josef) *mehr Glück (…) ich hoffe bestimmt auf ein Wiedersehen."*[104]

104 Ansichtskarte von Frau Hofstetter aus Waldneukirchen an Familie Stockinger, Steyr vom 23. 4. 1944.

Josef schreibt, dass er *„keinen Hunger leiden braucht"*, ist aber verständlicherweise über die Unterstützung durch die Mutter[105], beispielsweise mit *„Brausezucker und Mehlspeise"*[106], und den Brief mit *„den Brot- und Fettmarken"* sehr froh. *„Die behalte ich mir, wenn ich einmal gar nichts habe."*[107]

Von der Lappland-Front aus Nordfinnland schreibt er: *„Ein Schluck Bier oder Most, wenn es auch nur ein saurer Haustrunk oder ein dünnes Bier wäre, täte einem für den Durst schon gut. Aber sowas gibt es hier nicht. Einmal kam ein kleines Fässchen Bier aus Norwegen hierher, aber das war schon sauer. Einwandfreies Trinkwasser gibt es hier auch nicht. Nur Sickerwasser. Es ist verboten es zu trinken. Das letzte Mal habe ich in Wien Wasser getrunken."*[108] *„Wir müssen halt für den Durst einen kalten Schwarzen trinken. Einen sogenannten* (gezeichnete Blume, J.S.) *-Kaffe, die Betonung liegt auf dem a. Einige Male erhielten wir ein ‚Noagerl'*[109] *Rotwein und Schnaps. Letzterer behagte mir aber nicht."*[110]

In seiner Gedankenwelt erwachen Erlebnisse aus der Kindheit und dem Behütetsein im Elternhaus und er möchte dafür wieder etwas zurückgeben: *„Das Frühjahr und diese Zeit so vor und um Weihnachten habe ich immer gerngehabt. Ich denke abends in einer stillen Stunde oft an jene Zeit zurück. Ihr habt uns Kindern sehr viel Gutes getan, wir können es nie zurückzahlen. Nehmt wenigstens jetzt von mir Sachen, die ihr brauchen könnt, ganz gleich was es ist. Vom Liegen im Kasten werden sie auch nicht besser. Liebe Mutter tue die Sachen von mir ein wenig durchstöbern, vielleicht findest Du für Dich außer den Schuhen noch etwas das Du brauchen kannst."*[111] *„Für den Vater wäre im großen Karton am Kasten eine neue ‚Sport-Knickerbocker' damit er ein bissl fesch daherkommt, die vermache ich ihm zu Weihnachten. Und Dir schenke ich meinen schwarzen Hut, den ich mir einmal umändern habe lassen. Lass Dir ihn herrichten auf einen Damenhut. Ich setze ja ohnehin immer nur meinen Damberg-Hut auf."*[112]

---

105 So ist in einer Karte aus Steyr vom 17.4.1943, adressiert an die „4.MG Ausbildungs-Komp I/462 in Hollabrunn, N.D.", angekündigt: *„Werde Dir nach den Feiertagen Äpfel schicken, Frau Höller überließ mir 20 kg."*

106 19430627 J

107 19431221 J

108 19440528 J

109 Kleine Menge.

110 19440528 J

111 19431209 J

112 19431209 J

Eine von der offiziellen Kriegspropaganda der Nationalsozialisten auf Kodak-Papier hergestellte Ansichtskarte. Josef hervorgehoben im Kreis. Ort und Zeitpunkt unbekannt.

Über die Kriegserlebnisse selbst bleibt er (zensurbedingt) in den Briefen wortkarg. Ähnlich ist dies auch in anderen Briefen von der Front zu bemerken: Ich wollte *„doch nicht, dass sie* (die Eltern, J. S.) *sich noch mehr Sorgen machten, als sie es ohnehin schon taten. Außerdem konnte man die Szenen, die sich wirklich abgespielt hatten, nur schwer in Worte fassen und ich versuchte einfach, die Tatsachen etwas herunterzuspielen"*[113], schreibt Otto Schwaiger in seinem Buch über die Kriegserlebnisse seines Vaters.

113 Schwaiger, Otto: Den Wahnsinn überlebt. Die Kriegserlebnisse (1943–1947) meines Vaters im Russlandfeldzug. Steyr 2007. 35.

Ein kurzer Blick zurück: Die Volksabstimmung der Nationalsozialisten am 10. April 1938 soll die bereits vollzogene Machtergreifung durch Zustimmung der Bevölkerung absegnen. Dabei dürfen wichtige Überlegungen nicht außer Acht gelassen werden: Neben der Wirtschaftsbelebung durch die Aufrüstung verfehlen die positiven Stellungnahmen zum „Anschluss" von Karl Renner und der Führung der katholischen Kirche die von den Nationalsozialisten beabsichtigte und eingeplante Wirkung bei vielen Menschen nicht. Die Nazis versuchen mit ihrer Propaganda auch vor Kirchen zu punkten. Vor der Michaelerkirche in Steyr ist beispielsweise auf einem Transparent „Hitler schafft Arbeit und Brot" zu lesen,[114] schreibt Karl-Heinz Rauscher in seiner Aufarbeitung der NS-Vergangenheit.

Ein „Ja" zum Anschluss darf nicht in jedem Fall als Zustimmung zum Nationalsozialismus insgesamt gewertet werden. Durch die erste große Verhaftungswelle der Nationalsozialisten sitzen viele Gegner zu diesem Zeitpunkt bereits in Gefängnissen oder Konzentrationslagern. Und die Wähler stehen unter massivem Druck: Vor den Abstimmungskommissionen werden Stimmzettel als vermeintliche Loyalitätsbekundung mit dem im Gegensatz zum „Nein" übergroß aufgedruckten „Ja" vielfach offen ausgefüllt. Von einigen wenigen, wie beispielsweise Otto Pensl, dem Pionier des Steyrer Arbeitersportes, österreichischen Marathonmeister 1925 und entschiedenen Gegner des NS-Regimes, ist dennoch bekannt, dass sie offen dagegen gestimmt haben.

---

114 Rauscher, Karl-Heinz: Steyr im Nationalsozialismus. Politische, militärische und soziale Strukturen. Gnas 2003. 29.

Postkarte mit Aegidiusglocke der Stadtpfarrkirche in Steyr. Von Josef Stockinger (1878–1963) auf der Rückseite vermerkt: *„Sie hatte ein Gewicht von 4.000 kg und ist im Jahr 1522 gegossen worden. Ich habe sie schon geläutet."*

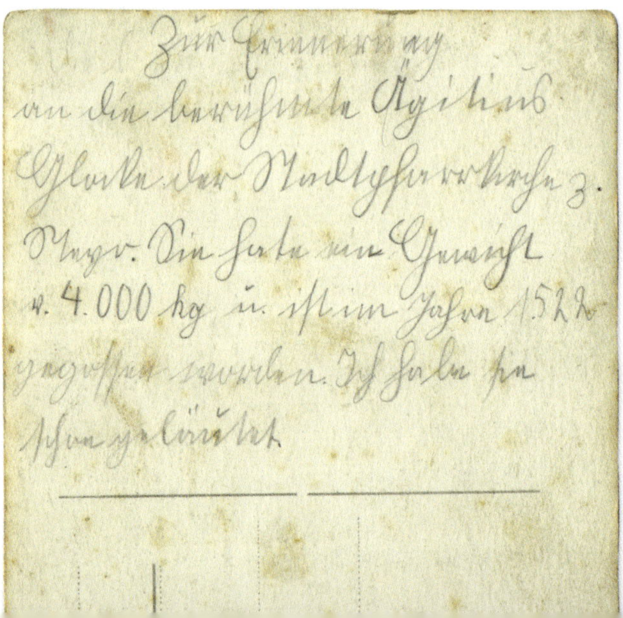

Zur Erinnerung
an die berühmte Ägidius
Glocke der Stadtpfarrkirche z.
Steyr. Sie hatte ein Gewicht
v. 4.000 kg u. ist im Jahre 1522
gegossen worden. Ich habe sie
schon geläutet.

Religion als Trost und Zuversicht spielt in der Familie eine zentrale Rolle. Dies ist aus häufigen Äußerungen im Briefwechsel[115] und bei versteckten und verklausulierten Andeutungen einer Ablehnung des NS-Regimes und vor allem der nationalsozialistischen Religionspolitik deutlich erkennbar. Christliche Feiertage sind immer ein Anlass für Josef, ein Lebenszeichen an seine Mutter bzw. Eltern zu schicken. In seiner Vorstellung mag das Glockengeläut der Stadtpfarrkirche zu Fronleichnam, Mariä Himmelfahrt oder Weihnachten erschienen sein:

„Aus allen Türmen stürzt sich, Fluß um Fluß
Hinwallendes Metall in solchen Massen
Als sollte drunten in der Form der Gassen
Ein blanker Tag entstehen aus Bronzeguß (...)"[116]

Als 1943 die Deutsche Wehrmacht im Osten bereits eine militärische Niederlage nach der anderen erlebt, bezeichnet Hitler die deutsche Situation als geradezu glänzend.[117] Etwa zur selben Zeit, im Oktober dieses Jahres, erfolgt für den neuerlich an die Front befehligten „Gefreiten" Josef Stockinger in der Kaserne Kaiserebersdorf eine Maschinengewehrausbildung als ergänzende Vorbereitung für die im NS-Jargon bezeichneten *„Stellungskämpfe in Nordfinnland", „Abwehrkämpfe"* und das *„Absetzen"* in den Raum Lyngen – Narvik sowie die *„Abwehrschlacht"* um Petsamo und Kirkenes.[118]

115 *„Wir können sonst gar nichts tun als gegenseitig füreinander beten."* (19430619 J). *„Doch es gibt in unserem Dasein Augenblicke, als Soldat habe ich es einige Male erfahren, wo man einsehen lernt, dass die menschliche Hilfe versagt und dass nur mehr derjenige helfen kann, der alles Leben geschaffen hat."* (19470918 J)

116 Rilke, Rainer Maria: Neue Gedichte I, Marien-Prozession. In: Rainer Maria Rilke: Sämtliche Werke. A.a.O., 536-537.

117 Vergleiche auch bei: Hanisch, Ernst: Der Obersalzberg, das Kehlsteinhaus und Adolf Hitler. Berchtesgadener Landesstiftung (Hg.). Berchtesgaden 2020. 23.

118 Kirkenes, (ehemals) wichtigste „Erzstadt" Norwegens. Die Ressource Eisenerz braucht auch Nazideutschland, und rund 30.000 Soldaten sind hier als „Erzbewacher" gegen die alliierten Flottenverbände stationiert. Die Stadt wird im Oktober 1944 von der Roten Armee eingenommen. Möbius, Aaron/Möbius, Michael: Norwegen. 5. Auflage. Stefan Loose Travelhandbücher. Ostfildern 2020. 592.

Josef 1943, Ort und Zeitpunkt unbekannt.

Im Dezember 1943 schreibt Josef deprimiert nach Hause: *„Das Wort ‚frohe Weihnachten' traue ich mir gar nicht aussprechen in dieser schweren Zeit. Da ich es ja von mir selber weiß, dass man nicht froh werden kann, weil man immer um die Seinen in Sorge sein muss. Aber wir wollen trotzdem nicht undankbar sein und dem Christkindl vom ganzen Herzen danken, dass wir noch alle gesund und am Leben sind. Wenn ihr am Heiligen Abend den Christbaum – ihr werdet glaube ich trotz alledem einen aufstellen – und die Kripperlkerzen anzündet, dann denkt halt recht intensiv an uns Buben in weiter Ferne und wir wollen ebenfalls im Geiste daheim sein und uns an die schönen Weihnachtsabende vergangene Zeiten erinnern."*[119]

Im Detail erinnert er sich an die traditionellen Rituale und versetzt sich in weihnachtliche Stimmung: *„Mit dem Weihrauch müsst halt heuer der Vater gehen. Er soll dabei ein wenig an mich denken. Ich werde mit meinen Gedanken am Heiligen Abend auch zu Hause sein. (…) Und „unseren Herrgott werden wir am Heiligen Abend bitten, dass er uns alle nächstes Jahr in Frieden und Gesundheit Weihnachten feiern lässt."*[120]

119 19431209 J
120 19441207 J

Josef ist sowohl der Stadtpfarrkirche als auch den Jesuiten der (Marien-) Dominikanerkirche eng verbunden. Er schreibt – unter Beachtung der strengen NS-Zensur – an seine Mutter über die Verwendung seines (bescheidenen) Geldbesitzes: *„Oder wenn Du willst* (kannst Du auch, J. S.) *einen Teil davon für einen guten Zweck verwenden, für arme Leute. Vielleicht auch uns gegenüber in der Nachbarschaft, für das Haus mit den zwei Türmen."*[121] Und zum Weihnachtsfest 1944 bittet er seine Eltern: *„Und wenn ihr am Christtag in die Kirche geht dann opfert bitte von meinem Geld 10 Mark und weitere 10 Mark gebt für einen alten Mann oder einen anderen guten Zweck."*[122] Bereits im Juni 1943 und in einem anderen Zusammenhang beschließt er seinen Brief mit einem Gelübde: *„Wenn es mir vergönnt ist, dass ich gesund nach Hause komme, werde ich wieder jeden Sonntag und Feiertag in die Kirche gehen."*[123]

Neben dem, vor allem von Kommunisten organisierten politischen Widerstand[124], gibt es auch vonseiten der Kirche entschiedene Gegner der Diktatur. Die Jesuiten der Marienkirche am Stadtplatz stehen unter ständiger Beobachtung der nationalsozialistischen Behörden. Im März 1940 durchsucht die Gestapo das ganze Haus, findet aber nichts. Hier ist auch der kirchliche Widerstandskämpfer Johann Schwingshackl SJ tätig. Er wird wegen Wehrkraftzersetzung Ende 1944 zum Tod verurteilt und im Februar 1945 in das Gefängnis München-Stadelheim zur Hinrichtung gebracht. Ende Februar stirbt er dort an den Folgen einer Lungentuberkulose und einer Darmblutung.[125]

Karl Ramsmaier beleuchtet dazu auch die Hintergründe: *„Nachdem die Kirche gezwungen war, auf viele Aktivitäten außerhalb der Kirchenräume zu verzichten, konzentrierte man sich auf spezifisch religiöse Aufgaben."*[126] Die Stadtpfarre wird zu einem Zentrum der Erneuerung des Gottesdienstes. *„(...) Der Religionsunterricht wird stark eingeschränkt und zum*

---

121 19430619 J

122 19441207 J. Das entspricht etwa heutigen 56 Euro, umgerechnet mit dem historischen Währungsrechner der Österreichischen Nationalbank. A. a. O.

123 19430627 J

124 Neben dem Standardwerk „Dokumentationsarchiv des österreichischen Widerstandes (Hg.): Widerstand und Verfolgung in Oberösterreich, Zwei Bände. Wien–München–Linz 1982" ist „Angerer, Christian/Ecker, Maria: Nationalsozialismus in Oberösterreich. Opfer. Täter. Gegner. Innsbruck 2014" eine aktuelle diesbezügliche Informationsquelle.

125 Ramsmaier, Karl: „Die Kirchen während der NS-Zeit in Steyr". Unveröffentlichtes Manuskript. Garsten 2021.

126 Ramsmaier, Karl: „Die Kirchen während der NS-Zeit in Steyr". A. a. O.

Freigegenstand erklärt." Und er ergänzt aus den Tagungsunterlagen eines Symposions im Jahr 2009 an der Linzer Kepler-Universität: *„Am 1. Mai 1939 trat das Kirchenbeitragsgesetz in Kraft. Der Kirche sollten die sicheren Einnahmen aus dem Religionsfonds entzogen und gleichzeitig eine Austrittswelle ausgelöst werden. Der Kirchenaustritt wurde propagiert und indirekt durch die Einführung des Kirchenbeitrags beworben."*[127]

Karl Ramsmaier berichtet auch über die Schikanen gegenüber kirchlichen Einrichtungen und den Kriegsalltag. Im Juli 1942 wird das Kloster der Kreuzschwestern in der Berggasse 18 in Steyr durch die SS beschlagnahmt, *„im März 1944 mussten die Schwestern das Haus räumen und die Luftschutzpolizei zog ein".*[128] Zu diesem Zeitpunkt werden vom Regime auch die letzten Durchhalteparolen ausgegeben und im November 1944 ein „letztes Aufgebot" aus Greisen und Schülern als „Deutscher Volkssturm" gebildet. Der kurzfristige Jubel der „Anschlusstage" versinkt in Hilflosigkeit und Verzweiflung. Der Alltag des totalen Krieges mit Bomben, Trümmern und Toten hat die Bewohner Steyrs eingeholt.

127 Ebenda.
128 Ebenda.

Klosterschwester im Durchgang der Stadtpfarrkirche in Steyr.
Aquarell von Josef Stockinger (1907–1971), Juni 1962.

Im Austrofaschismus ist die Kirche im Vergleich zur Periode nach dem März 1938 zentraler Teil des politischen Systems. Der Historiker Ernst Hanisch merkt an: *„Je stärker die sozialpolitische Stellung der Kirche war, desto schwächer war ihr moralisch-intellektuelles Ansehen. Erst in der NS-Zeit, als die politische Position der Kirche radikal geschwächt wurde, schnellt ihr moralisches Prestige in die Höhe."*[129]

„Nach der Besetzung Österreichs durch deutsche Truppen kamen die Kirchen (...) in eine missliche Lage. (...) In der katholischen Kirche kam es zu einer Spaltung des Klerus. Ein Teil sympathisierte durchaus mit dem Nationalsozialismus, ein anderer war strikt gegen die nationalsozialistische Politik."[130] Spätestens seit 1943 macht sich in den Köpfen der NS-Funktionäre auch ein gewisser Neidkomplex bemerkbar. *„Während immer weniger Bürger zu Parteiveranstaltungen gingen, füllten sich die Kirchenbänke wieder vermehrt."*[131]

Der Angriff auf die Sowjetunion und der Zusammenbruch der Blitzkriegsstrategie vor Moskau 1941 sowie die Kriegserklärung Deutschlands und Italiens an die USA im Dezember 1941 beginnen das Ende des „Tausendjährigen Reiches" einzuleiten. Josef umschreibt dies im Brief an die Mutter: *„Vielleicht tritt im Kriegsgeschehen auch einmal eine Änderung ein. Es kann ja doch nicht immer so fortgehen. Aber das sagen wir halt schon ein paar Jahre."*[132]

---

129 Hanisch, Ernst: Der politische Katholizismus als ideologischer Träger des „Austrofaschismus". In: Talos, Emmerich/ Neugebauer, Wolfgang (Hg.): Austrofaschismus. Politik – Ökonomie – Kultur 1933–1938. Wien–Berlin 2014. 79.

130 Wiesenberger, Franz: Gefangenes Licht. Märtyrer im Heimatgau des Führers. Munderfing 2020. 79.

131 Wiesenberger, Franz: Gefangenes Licht. A. a. O., 85.

132 19440528 J

Diverse Gegenstände der Kriegserinnerung von Josef Stockinger (1907–1971), gesammelt in einer Schachtel für Zigarettenhülsen.

In seiner Heimatsehnsucht verknüpft er die Tagesdämmerung am Polarkreis mit einer zaghaften symbolischen Morgenröte: *„Denn der Tag wächst schon wieder ein wenig. Jetzt war halt immer ungefähr 20 Stunden Nacht und die übrige Zeit Dämmerung. Manches Mal war in der letzten Zeit ein leichtes Morgenrot (...) zu sehen."*[133] Ernst Hanisch sieht in der Rückbesinnung und Verteidigung der „Heimat" auch *„das emotionale Rückzugsgefecht der traumatisierten Kriegsheimkehrer."*[134]

Selbst drei Jahre nach Kriegsende erinnert sich Josef dieses Gefühls der Hoffnung auf Verbesserung der Situation und kontextualisiert es beim Besuch seiner zukünftigen Frau während deren Aufenthalts im Rehabilitationszentrum in Weyer: *„So schön und feierlich erscheint mir der Augenblick immer, wenn ich Dich nach langen vierzehn Tagen wieder sehen kann. So ähnlich erhaben wie der Moment, als ich im Polargebiet nach langer Winternacht zum ersten Mal die Sonne wieder schauen durfte."*[135]

Mit Fortdauer des Krieges kreisen seine Gedanken verstärkt um die erhoffte Rückkehr aus dem Krieg. Er träumt von der *„Wunderwelt unserer Berge mit ihren weißen Firnen, Hochwäldern und den in den schönsten Farben leuchtenden Blumen auf grünen Matten."*[136] *„Jetzt möchte ich halt wieder einmal um etwas bitten. Seid so gut und schickt mir einmal ein schönes junges Buchenblatt. Die habe ich immer so gerngehabt. Dann habe ich wieder ein Stückchen Heimat bei mir. Wenn es nicht vom Damberg oder Rahoferwald sein kann, ist es auch vom Schlosspark recht."*[137]

---

133 19440113 J
134 Hanisch, Ernst: Landschaft. A.a.O., 128.
135 19471125 J
136 19470404 J
137 19450226 J

Frontalltag während des Kriegseinsatzes bei der Deutschen Wehrmacht. Josef im Privatfoto ganz links. Auf der Rückseite: „*Februar...*" Zeitpunkt und Ort unleserlich verwischt.

Josefs „militärische Stationen"[138]: Von Mai bis September 1943 ist er in einem Grenadier-Bataillon ein Teil der Besatzungstruppen in Frankreich[139] und glücklicherweise nicht unter den 27.074 Soldaten, die im Westfeldzug der Deutschen Wehrmacht ums Leben kommen.[140] Daran anschließend ist er ab Dezember 1943 bis zum 8. Mai 1945 im finnischen Lappland und Norwegen bzw. er befindet sich im Rückzug von dort. Im Oktober 1944 überlebt er die Schlacht um Petsamo-Kirkenes zwischen der sowjetischen Karelischen Front und deutschen Truppen in Nordnorwegen und Finnland.[141] Etwa zu dieser Zeit schreibt er an seine Eltern: *„(...) Ich bin gesund, sitze im Stroh und denke an Euch. Haben uns ein wenig abgesetzt. Ich bin sehr froh darüber. Jetzt kann ich wieder hoffen nach Hause zu kommen. Angst braucht Ihr keine um mich haben. (...) Heute habe ich meine „Goiserer Wunde" (vom Fußschweiß) etwas gelüftet."*[142] Auf welche Weise er sich tatsächlich absetzen kann bleibt unbekannt.

138 Wehrpass Josef Stockinger (1907–1971). A.a.O.

139 Eine Ansichtskarte von Auxerre ist von Josef mit „In dieser Stadt, ungefähr so groß wie Steyr, bin ich im Krieg gewesen" beschriftet. Die Stadt wird, nach Josefs Abzug, 1944 bombardiert. https://www.lyonne.fr/auxerre-89000/actualites/il-y-a-70-ans-auxerre-sous-les-bombes_11054970/ (29.6.2021).

140 Crha, Ewald: Österreicher im II. Weltkrieg. Konfrontation mit der Vergangenheit. Zeitzeugen berichten. Steyr 2007. 70.

141 Atlas zur Geschichte 2: Zentralinstitut für Geschichte der Akademie der Wissenschaften der DDR. Gotha/Leipzig 1975. 41 ff. bzw. Waffenstillstand von Moskau – Wikipedia
URL: https://de.wikipedia.org/wiki/Waffenstillstand_von_Moskau (8.2.2021).
Siehe auch „Petsamo – Kirkenes Operation" bei Wikipedia.

142 19441013 J

Bombenschäden in Steyr, vermutlich 1944.

In Steyr sind die Auswirkungen des Krieges in unverminderter Härte zu spüren. Es gibt schwere Bombenangriffe der 15. US-Flotte mit mehr als 100 Flugzeugen und massive Bombardements auf die Steyr-Werke und das Wälzlagerwerk am 23. und 24. Februar 1944.[143] Über einen dieser Angriffe berichtet Raimund Zimpernik, ein antifaschistischer Widerstandskämpfer, der in der Strafanstalt Garsten festgehalten wird: *„Plötzlich ein Sausen und Rauschen, ohrenbetäubender Lärm, einige Flugzeuge donnerten, von der Pesendorfer Höhe kommend, ganz niedrig, in einer Schleife über Garsten nach Steyr hinaus. Sie flogen so niedrig, daß wir sogar die Piloten ausnehmen konnten. Und ganz kurz darauf ein Knattern und Knallen, dann Bombenlärm und das uns so oft geschilderte Pfeifen von Bomben."*[144]

Josef sorgt sich jetzt verstärkt um seine Angehörigen. Er schreibt: *„Dann hätte ich noch etwas am Herzen. Und zwar wegen Dir, Vater. Es ist aber nicht eine Einmischung von mir, denn Du musst ja selber wissen, wie es am besten ist. Es soll nur eine bescheidene Einwendung von mir sein. Ich glaube, wenn Fliegeralarm ist und Du bist in der Fabrik wäre es am Ende gescheiter, Du gingst in den neuen Keller beim A…bautor*[145]*, damit Du Dich nicht so abhetzen brauchst. Wenn die Mutter weiß, wo Du bist, ist sie ja auch beruhigt. Es wäre ja auch nicht gut, wenn Dich auf dem Weg nach Hause ein Angriff überraschen würde. Aber wie gesagt, es liegt bei Dir wie Du das machst und wie es der Mutter lieber ist. Nicht dass ich am Ende dann Schuld habe, wenn etwas passiert."*[146] Und er ist sich sicher: *„Wahrscheinlich werdet ihr halt alle mitsammen viel im Luftschutzkeller sitzen."*[147]

---

143 Ločičnik, Raimund/Genenger, Horst: A. a. O. 123 f. Weitere Angriffe am 2.4.1944 und am 17.2.1945. Schilderungen dazu siehe: Hojka, Roman Raimund (Hg.): A. a. O., 206-208.

144 Zimpernik, Raimund: Der rote Strähn. Dokumentation über den antifaschistischen Widerstand im Salzkammergut. Aigen – Voglhub. 1995. 414.

145 Autobau-Tor der Steyr-Werke, zensurbedingt in dieser Form abgekürzt.

146 19440528 J, Pfingstsonntag.

147 19450322 J

„Urkunde meiner Dienstzeit". Privat beauftragte „Kriegschronik".
Vermutlich erstellt von Veteranenverbänden wie dem Kameradschaftsbund.
Gedruckt nach der Befreiung im Mai 1945, da NS-bezogene Symbole fehlen.

Diese Urkunden beschönigen die Kriegsstationen in einer verschleiernden Sprache und neutralen Ausdruckweise. Bei der Beurteilung des ihnen beigemessenen persönlichen Wertes ist immer zu berücksichtigen, dass die Menschen ausnahmslos der einseitigen NS-Heldenpropaganda ausgesetzt gewesen sind.[148] Propagandanachrichten und die Informationen aus zeitgenössischen Druckmedien werden eifrig gelesen und sogar aufbewahrt.[149] In der Urkunde sind die von Josef erlebten Ereignisse vom Februar 1944 bis 16. Mai 1945 im NS-Jargon als *„Stellungskämpfe"*, als *„Abwehrschlacht um Petsamo* (Pechenga, nahe Murmansk, heute Russland, J. S.) *und Kirkenes am 7.10.1944"* sowie *„Absetzen aus Nordfinnland"* dokumentiert.[150] Letztere Ereignisse sind der erzwungene Rückzug der Deutschen Wehrmacht unter „vollkommener Zerstörungsarbeit"[151] mit unzähligen Opfern unter der Zivilbevölkerung. *„Nicht jeder Einzelne hat sich schuldig gemacht. (...) Nicht jeder, der eine SS-Uniform trug, war automatisch ein Kriegsverbrecher. Aber auch nicht jeder, der die Uniform des Heeres trug, war frei von Schuld"*[152], urteilt Ewald Crha richtigerweise in seinem Buch über Österreicher in der Deutschen Wehrmacht im Zweiten Weltkrieg.

Josef Stockinger
Obgfr. d. Kraftf. Instands. Zug. 419,
rückte am 25. 3. 1943 zur Stammkp./Gren.
Ers. Btl. I/462 nach Hollabrunn ein, kam zur
Sicherg. nach Frankr. u. ab 27. 2. 1944 zu Stellg.
kämpfen in Nordfinnld. Nach Rückzügen bis
Lyngen, Narvik folgte am 7. 10. 1944 die Abwehr-
schlacht um Petsamo u. Kirkenes. Vom 16. 5. 45
bis 6. 8. 1945 wurde er in Norwegen von Eng-
ländern interniert u. am 6. 9. in Salzbg. ent-
lassen.

148 Schwaiger, Otto: A. a. O., 15.

149 *„(...) möchte ich Dich bitten mir die Abendzeitung zu sammeln und gut aufzuheben."*
Quelle: Ansichtskarte Maria Božek an Josef Božek, Wien 1, Augustinerstr. 12, vom 3.8.1942.

150 Wehrpass Josef Stockinger (*1907) bzw. „Urkunde meiner Dienstzeit". A. a. O.

151 Möbius, Aaron/Möbius, Michael. A. a. O. 593.

152 Crha, Ewald: Österreicher im II. Weltkrieg. A. a. O., 94.

Als er nach kurzer britischer Kriegsgefangenschaft[153] im September 1945 in Salzburg entlassen wird, ist Josef von den Erlebnissen, unter anderem durch seine befohlene Mitwirkung an Erschießungskommandos in Finnland, traumatisiert. Du bleibst mit diesen Erlebnissen allein, *„auch wenn Du selber sauber geblieben bist"*, Du hast aber Kriegsverbrechen *„gesehen, gehört und mitbekommen"*[154], meint Steinmaßl in Bezug auf seine Familie. Josefs Tochter erinnert sich an Erzählungen aus den 1960er-Jahren, in denen er – in persönlicher Verarbeitung der Teilnahme an Exekutionen – schildert, dass er dabei bewusst vorbeigezielt hat, um zumindest für sich an deren Tod unschuldig zu sein.[155] Es gibt nach dem Krieg keine psychotherapeutischen Aufarbeitungsmöglichkeiten. Betroffene sprechen oft nicht viel, sind sich vielleicht bewusst, dass die Kriegserfahrungen nicht erzählbar sind. Und Franz Steinmaßl meint: *„Bei Anderen steht oft einem Übermaß an Meinung ein eklatanter Mangel an Wissen gegenüber."*[156]

Nach 1945 werden diese Traumatisierungen durch die Kriegsereignisse, Holocaust oder Zwangsarbeit von Politik und Öffentlichkeit sehr oft verdrängt. Die Lebenslüge von Österreich als „erstes Opfer Hitler-Deutschlands" lässt keinen Raum für Schuldgefühle und Aufarbeitung.[157] In den Verarbeitungsmustern neigen die Kriegsheimkehrer – nach Margarete Mitscherlich – *„zur Entwirklichung"* der tief im Innersten eingebrannten Erlebnisse.[158]

Von der Amtskirche wird der Mythos des „Heimkehrens aus dem Krieg" bewusst gefördert. *„Wenn ich nächsten Sonntag wieder in der Früh frei bekomme, dann gehen wir gemeinsam in die Kirche. Da ist Heldengedenktag und da werden Heimkehrer beim Altar Posten stehen. Ja, magst Du?"*[159], fragt Vilma ihren Josef in Bezug auf eine Wochenendplanung im Spätherbst 1947. Die Einbeziehung der im Leben nun allein zurückgelassenen Frauen spielt dabei sicher auch eine Rolle. 1945 herrscht in Wien, ähnlich sicher

153 Vom 16.5.1945 bis 6.8.1945 in Norwegen.
154 Steinmaßl, Franz: Mollner Jahre. A.a.O., 237 und 239.
155 Gespräche mit Hildegard Wendt im Februar 2021.
156 Steinmaßl, Franz: Mollner Jahre. A.a.O., 243.
157 Schmolmüller, Andreas: „Sie müssen alle verrecken, aber zuvor müssen wir noch das meiste aus ihnen herausquetschen …" Zwangsarbeit bei Steyr-Daimler-Puch und in den Hack-Werken Steyr. In: Stockinger, Josef (Hg.): Zeit die prägt. Steyr 2011. 259.
158 Mitscherlich, Margarete: Die Radikalität des Alters. Einsichten einer Psychoanalytikerin. Frankfurt am Main 2010. 17.
159 19471030 V

auch anderswo, ein deutlicher Frauenüberschuss, auf 1.000 Männer kommen statistisch betrachtet 1.562 Frauen.[160]

Religiosität begründet weiterhin Josefs inneres Widerstandsmuster gegen jede Art von Ungerechtigkeit. Auch nach dem Krieg bleibt die Kirche seine ideologische Heimat. Obwohl in der Familie kaum erwähnt, findet sich als Hinweis auf seine antifaschistische Einstellung in seinem Fotoalbum eine von ihm fotografierte Erinnerung mit seinem Schwager Hans vor einem Mahnmal im italienischen Soldatenfriedhof in Mauthausen nahe der KZ-Gedenkstätte.[161] Auf diesem Friedhof befinden sich Denkmäler sowie mehrere tausend Gräber ausländischer, insbesondere italienischer und serbischer Kriegsgefangener, von Soldaten aus den Weltkriegen sowie von KZ-Häftlingen.

Seine persönlichen Erinnerungstage bleiben tief verankert: *„Gestern waren es 2 Jahre, seit ich vom großen Krieg nach Hause kam. Bei mir war es mit dem Einrücken und dem Heimkommen eigentlich sonderbar. An einem Maria Verkündigungstag* (25. März, J. S.), *wo es heißt, die Schwalben kommen wieder, bin ich fort und an einem Maria Geburtstag* (8. September), *wo die Schwalben fortfliegen bin ich heimgekommen".*[162] Josef kehrt in die Wohnung seiner Eltern am Steyrer Stadtplatz zurück, besitzt – neben kargen Ersparnissen – geringe Mengen an Bargeld[163] und ein Fahrrad[164]. Die handwerklich-technische Fachausbildung als Elektriker, ergänzt durch die Qualifizierung zum Kfz-Mechaniker während des Kriegsdienstes[165], seine politische „Unbescholtenheit" sowie die – zumindest nach außen hin – gezeigte politische Neutralität gegenüber dem NS-Regime hatten seine Chancen auf eine Rückkehr aus dem Krieg erheblich erhöht.

Die Kriegseindrücke sind nachhaltig, traumatisierend und mächtig.

160 Petretto, Barbara: Sozialpolitische Maßnahmen. 72.

161 Lechner Ralf, Mauthausen Memorial/KZ-Gedenkstelle, Leitung Sammlungen, Wien vom 6.4.2021.

162 19470909 J

163 505 norwegische Kronen und 10 Reichsmark (nachbezahlter) Wehrsold. Abschrift aus Soldbuch 1871 des Obergefreiten Josef Stockinger. Militär Abwicklungsstelle der Landesregierung Salzburg, 1.9.1945 bzw. Bestätigung vom 4.9.1945.

164 Bestätigung über die Ausstellung eines Fahrradscheines vom 11.9.1945.

165 Vom 5.11. bis 5.12.1944 ist Josef – dokumentiert im seinem Wehrpass – bei der Kraftfuhrparkersatz- und Ausbildungsabteilung 17, Stamm-Kompanie (2704).

VILMAS WURZELN UND IHRE LEBENSWELT

BIS 1946

Mondäne Reiseziele: rechts Maria Božek („Tante Mitzi") mit Ehemann Josef (Pepi) in Venedig.

K. u. K. Hofzimmerpolier[166] und böhmischer Schneidermeister.

Der lange Schatten der kaiserlichen Herrschaft

Königgrätz (Hradec Králové) – am Oberlauf der Elbe in Nordostböhmen – in der zweiten Hälfte des 19. Jahrhunderts: Vilmas Großvater väterlicherseits, Daniel Majetich, war aus seinem Geburtsort Gornji (= Ober) Kosinj nahe Gospić in Kroatien hierher nach Böhmen zugewandert.[167] Er hat mit seiner Frau Marie vier eheliche Söhne[168]. Einer von ihnen, der 1884 geborene Rudolf, ist Vilmas Vater. Er zieht vor 1903[169] nach Biedermannsdorf bei Mödling und übersiedelt in den 1930er-Jahren mit seiner Familie nach Wien. Lose Verbindungen zur Verwandtschaft in der ČSR bleiben auch nach dem Ersten Weltkrieg bestehen und sind ein Teil des Familienmilieus.[170]

---

166 Das erste k. steht vereinfacht und abgekürzt ab 1867 für kaiserlich (Kaiser von Österreich), das zweite für königlich (König von Ungarn). In dieser Funktion ist er verantwortlich für die kaiserlichen Reparaturtischler, -schlosser, -glaser u. a.. Siehe: Hof- und Staatsschematismus des österreichischen Kaiserthums. Wien 1817. 123.

167 Im Taufbuch von Kosinj heißt es im April 1834 (von Latein übersetzt): *„Am 2. April wird (…) getauft: Daniel, ehelicher Sohn des Luca und der Helena Majetich, verheiratet."* Quelle: Church Books Croatia, 1516–1994.

168 Emil und Karl bleiben in Hradec Králové, Victor wird Ministerialbeamter in Wien.

169 Militär-Pass Rudolf Majetič. A. a. O., 3.

170 In Poesiebüchern stehen zahlreiche Einträge aus Königgrätz in tschechischer Sprache, er spricht deutsch-böhmisch.

Vilmas Mutter, Marie Kaltenbrunner (1881–1956). Aquarell von Josef Stockinger (1907–1971). Um 1950.

Porträtfoto als Vorlage für das Aquarell.

Von Rudolf Majetič sind nur wenige schriftliche Lebenszeichen überliefert.[171] So notiert die Amtliche Wiener Zeitung im Jahr 1915: *„Silberne Tapferkeitsmedaille Erster Klasse für den „Reservekanonier" Rudolf Majetič des Feldhaubitzregiments Josef Wenzel Fürst von Lichtenstein Nr. 9"*[172]. Und versteckt zwischen Meldungen über eine Rauferei und den „Zusammenstoß zweier Fuhrwerke" berichtet die Mödlinger Lokalzeitung im Juni 1911, dass dem Maschinisten Rudolf Majetič *„in der Höflerschen Fabrik (...) aus einem Schupfen (...) ein neues Fahrrad von unbekannten Tätern entwendet"*[173] worden ist.

Bei Vilmas Vorfahren kommen Erwerbsbiografien außerhalb der Landwirtschaft etwa ab der Mitte des 19. Jahrhunderts vor. In ihren Ahnengenerationen sind es monarchistisch-katholische Herkunftsmilieus mit starker militärischer Tradition sowie slawische, handwerkliche Zuwanderung in unmittelbarem Dienst des Kaiserhauses, ein persönliches Privileg ermöglicht diese Arbeitsstellen.[174]

Es zeigt sich folgendes Detailbild: selbstständige Schuster- oder Schneidermeister, die aus ärmlichsten, kleindörflichen Verhältnissen in das Umfeld der „Reichshauptstadt" Wien zuwandern. Vor allem aus dem tschechischen Teil der multiethnischen österreichisch-ungarischen Monarchie. Als ein „k. u. k. Hofzimmerpolier" beispielsweise in gehobener Funktion, mit seiner Familie wohnhaft in Laxenburg Nummer 2, das ist laut historischem Ortsplan ein Gebäudekomplex direkt im „Hofgarten der Kaiserin". Weitere Berufe in der Ahnengalerie sind in diesem Kontext ein Hof-Heger, ein k. u. k. Büchsenmacher bzw. k. u. k. Schiffsaufseher. Ein Taglöhner kommt – im Gegensatz zu Josefs Stammbaum – bei den direkten Vorfahren genau einmal vor.

---

171 Warum Informationen nicht tradiert und biografische Dokumente offensichtlich vernichtet worden sind, bleibt unbekannt.
172 Amtliche Wiener Zeitung, 28. 3. 1916, 5. Diese Einheit ist in Kirwein bei Olmütz stationiert. Militär-Pass. A. a. O., 13.
173 „Mödlinger Zeitung" 25. 6. 1911, gefunden in: ANNO – AustriaN Newspapers Online https://anno.onb.ac.at/. (19. 3. 2021).
174 Vergleiche bei: Ehmer, Josef: Familienstruktur und Arbeitsorganisation. A. a. O., 27.

Familienfoto mit Rudolf, Vilma und Marie Majetič (1. Reihe, von links). Ca. 1930.

Die wenigen erhaltenen Informationen zur Berufslaufbahn von Vilmas Vater Rudolf deuten auf unterschiedliche Erwerbsgrundlagen[175] hin. Von weiteren Berufen der Vorfahren ihres Vaters[176] ist (noch) nichts bekannt, diese Informationen schlummern (eventuell) noch in kroatischen Archiven. Vielfacher Arbeitswechsel ist für Lohnabhängige in Zeiten von Wirtschaftskrisen und prekären Arbeitssituationen durchaus üblich. In diesem Zusammenhang fällt seine selbst in privaten Ego-Dokumenten stets hervorgehobene (ehemalige) Rolle beim Militär – auch als Möglichkeit zur Stabilisierung der Lebensgrundlage – auf. So zeichnet er auf der Eröffnungsseite im Poesiebuch seiner Stieftochter Maria einen Sinnspruch mit: *„Im Kriegsjahr 1917. Zur Erinnerung von Rudolf Majetič, Wachtmeister* (Unteroffizier)."

175 Militär, Fabrikant für „Unterzünder- und Briketterzeugung" und Maschinist. Ab den späten 1920er-Jahren ist er bei der Fa. Reckziegel – Holzverarbeitungsmaschinen in Wien VII als „Holzmaschinenmeister" beschäftigt. Information Erika Jäckel, August 2018.

176 Es ist nur überliefert, dass ihr Großvater „k. u. k. Büchsenmacher Cl. II" gewesen ist.

Auffallend und auch für die nachfolgenden Generationen prägend ist eben der starke Bezug *„und eine tiefe gefühlsmäßige Bindung"*[177] zum Militärwesen. Dieser Prozess der gesellschaftlichen Militarisierung hat seine Hochphase in der Mitte des 19. Jahrhunderts und entlädt sich mit all seinen Konsequenzen zum ersten Mal während des Ersten Weltkriegs. *„Der militärische Männerraum schließt Frauen aus und drängt sie dadurch vordergründig in den privaten Bereich"*[178], urteilt Barbara Petretto über die Sozialstrukturen dieser Zeit.

Vilmas Onkel väterlicherseits, Victor, ist im Ersten Weltkrieg Hauptmann (ein Offiziersdienstgrad), in der Zwischenkriegszeit Beamter im „Staatsamt bzw. Bundesministerium für Heereswesen". Im Zweiten Weltkrieg am Kopf schwer verwundet, lebt er später in Salzburg. Bereits in den 1920er-Jahren betreibt Victor eine Handelsfirma mit „Briefmarken für Sammlerzwecke"[179] und sucht *„historische Briefe und Schiffsstempel der Kriegsmarine".* 1965 editiert er in zweiter Auflage einen „Spezialkatalog der Feld- und Etappenpoststempel von Österreich-Ungarn 1914–1918"[180].

In den Poesiebüchern schimmern auch Religion und Gottesglauben immer wieder durch: *„Und wenn Dir oft auch bangt und graut, als sei die Höll' auf Erden, nur unverzagt auf Gott vertraut! Es muss doch Frühling werden."*[181]

177 Steinmaßl, Franz: Mollner Jahre. Eine Sozialgeschichte meiner Familie. Grünbach 2020. 220.

178 Petretto, Barbara: Sozialpolitische Maßnahmen und ihre Auswirkungen auf unvollständige Familien. Das Beispiel Wien nach dem Zweiten Weltkrieg. Diplomarbeit Wien 2013. 6.

179 „Der Lehmann", Wienbibliothek – wbr01/Adolph Lehmann's allgemeiner Wohnungs-Anzeiger: nebst Handels- u. Gewerbe-Adressbuch für die k.k. Reichshaupt- u. Residenzstadt Wien u. Umgebung: (1859). Wien 1925, Band 1. 1075.

180 Aus dem Vorwort: „Die erste Auflage ist 1935 im Selbstverlag erschienen und im Jänner 1945 den Bombenangriffen zum Opfer gefallen." Ein Exemplar im Besitz des Verfassers.

181 Eintrag von Rudolf Majetič „Im Kriegsjahr 1917". Poesiebuch Maria Božek.

Josef Nemec in k.u.k. Uniform, ca. 1915. Er ist Schneidermeister und mit Marie Kaltenbrunner verheiratet. Nach seinem Tod heiratet sie Rudolf Majetič.

„Im Rahmen einer Parade für den Thronfolger (...) wurden die schönen feschen Leut ausgesucht, natürlich war ich auch dabei. (...) Gegen 10 Uhr kam der Thronfolger per Auto samt seinem Stab an. Viele wurden angesprochen. Selbst Deutschmeister-Musik war am Paradeplatz. Gerade als der Thronfolger ankam, hörte man von weitem den Donner der Geschütze. Ich lege einen kleinen Zweig bei, den ich dabei auf der Kappe hatte",[182] offensichtlich gleichbedeutend einer Art religiöse „Reliquie".

Vilmas Mutter, Marie Kaltenbrunner, wächst ab August 1892 als Waisenkind in Wien auf. Der Vater ist bereits im Jahr ihrer Geburt verstorben. Mit elf Jahren verliert sie ihre Mutter und fünf Wochen später auch ihre Großmutter, die sich vielleicht um das junge Mädchen hätte kümmern können. Deshalb wächst sie bei Verwandten auf, die als gehobene Handwerker im Umfeld des Kaiserhauses eine fundierte Erwerbsbasis haben. Dieses Milieu prägt auch noch in der Zwischenkriegszeit die Familie. In einem autobiografischen Manuskript der Ziehtochter wird eine Konfliktsituation während ihrer Friseurlehre geschildert: *„Pass auf, du red'st ma a bissl z'vü! Entweder du machst das, was ma da sagt oder du drahst di! – Ich dachte, dass der (...) doch einigermaßen ordinär sprach ... ich sollt mich „drahn", wo gibt's denn so was, wir hatten zuhause nicht diesen Jargon."*[183]

Marie heiratet im Mai 1920 in zweiter Ehe Rudolf Majetič, im Juni 1921 wird Vilma geboren.[184] Die Mutter bleibt nach dem Tod ihres Vaters Vilmas wichtigster Bezugspunkt in Wien. Nach einem Schlaganfall wird sie von Vilma und Josef in deren Wohnung in Steyr gepflegt, sie stirbt 1956 im 75. Lebensjahr.

Rudolf wird einen Tag vor seinem 61. Geburtstag am 8. April 1945 – im Rahmen des von den Nationalsozialisten aufgestellten Volkssturmes – in der Nähe des Wiener Burgtheaters[185] von einem (vermutlich sowjetischen) Granatsplitter tödlich verwundet.

182 Feldpostbrief Rudolf Wesely, Neffe von Josef (1878–1963) vom 28.10.1915. Ort nicht ermittelt.
183 Jäckel, Erika (Riki): Wien I – Judenplatz 5. Autobiografisches Manuskript. Gmunden o. J. (Unveröffentlicht). 4.
184 Aus einer ersten Ehe Maries mit Josef Nemec entstammt Maria, die Tante Mitzi.
185 „Vom Volksgarten schießen schwere Batterien auf die Brigittenau." Csaky, Eva-Maria/Matscher, Franz/Stourzh, Gerald (Hg.): Josef Schöner. Wiener Tagebuch 1944/1945. Wien–Köln–Weimar 1992. 153.

Fast fünf Jahre später bringt eine sowohl der Witwe als auch der Tochter unbekannte Frau – so berichtet Vilma in einem Brief – *„Papas Dokumente, Taschenuhr, Füllfeder, Notizbuch, Geldbörse mit Mark (ca. 7) und Kleinigkeiten. Mama hat sich furchtbar aufgeregt, sowie auch ich, als ich alles ansah. Auch ist ein Zettel dabei. Gefallen am 7. 4. (wir hatten damals Bescheid vom 8. 4. bekommen) um 10:30 beim Burgtheater. Das war damals, als er von uns wegfuhr."*[186]

In der Familie wächst als Ziehkind auch Erika („Riki") Biener[187] auf. Rudolf Majetič ist – vermutlich – ihr leiblicher Vater.[188]

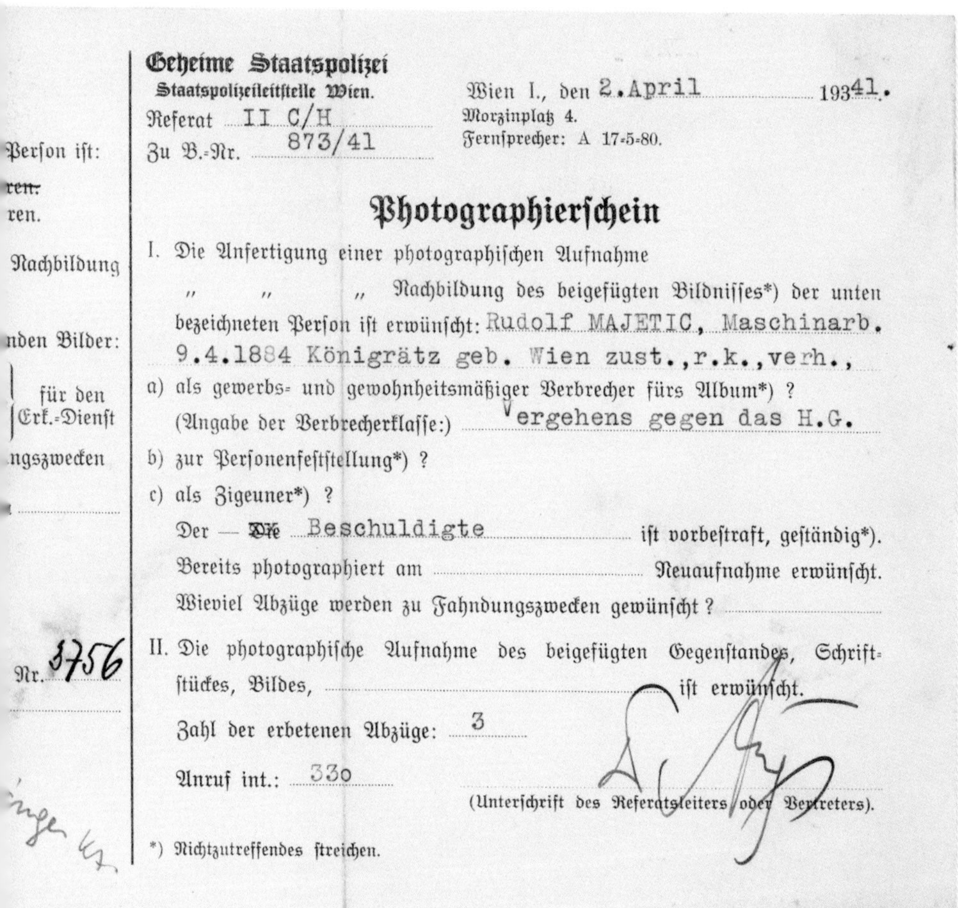

Person ist:
~~ren.~~
ren.
Nachbildung
nden Bilder:
für den
Erk.-Dienst
ngszwecken
Nr. 3756

Geheime Staatspolizei
Staatspolizeileitstelle Wien.
Referat II C/H
Zu B.-Nr. 873/41

Wien I., den 2.April 1941.
Morzinplatz 4.
Fernsprecher: A 17-5-80.

Photographierschein

I. Die Anfertigung einer photographischen Aufnahme
" " " Nachbildung des beigefügten Bildnisses*) der unten bezeichneten Person ist erwünscht: Rudolf MAJETIC, Maschinarb. 9.4.1884 Königrätz geb. Wien zust.,r.k.,verh.,
a) als gewerbs- und gewohnheitsmäßiger Verbrecher fürs Album*) ?
(Angabe der Verbrecherklasse:) Vergehens gegen das H.G.
b) zur Personenfeststellung*) ?
c) als Zigeuner*) ?
Der — ~~Die~~ Beschuldigte ist vorbestraft, geständig*).
Bereits photographiert am .... Neuaufnahme erwünscht.
Wieviel Abzüge werden zu Fahndungszwecken gewünscht? ....

II. Die photographische Aufnahme des beigefügten Gegenstandes, Schriftstückes, Bildes, ... ist erwünscht.
Zahl der erbetenen Abzüge: 3
Anruf int.: 330

(Unterschrift des Referatsleiters oder Vertreters).

*) Nichtzutreffendes streichen.

---

186 Brief von Vilma vom 8. Jänner 1950. Nachfolgend zitiert als: 19500108 V (Vilma) bzw. Datum plus J (Josef).
187 Erika (Riki) Jäckel, geboren 1933.
188 Information von Erika Jäckel, 19. Februar 2021.

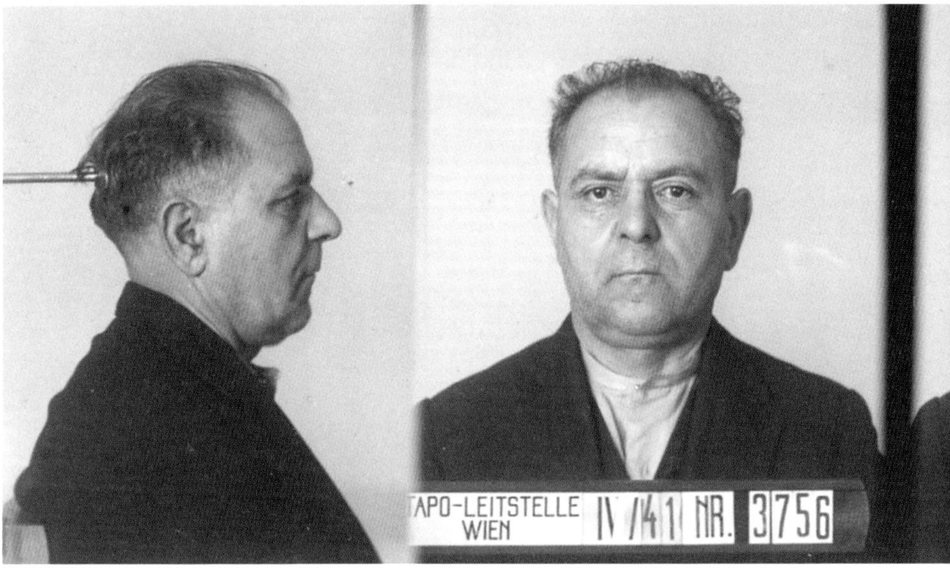

Digitalisate der erkennungsdienstlichen Erfassung von Rudolf Majetič durch die Gestapo, Leitstelle Wien. April 1941.

Der national-liberale, kritische und auflehnende Charakter von Vilmas Vater lässt ihn 1941 – obwohl ein bekennender Anhänger der nationalistischen Ideologie[189] – auch mit den damaligen Gesetzen in Konflikt geraten. Er wird am *„2. April 1941 wegen Vergehens nach dem Heimtückegesetz von der Gestapo*[190] *erkennungsdienstlich erfasst."*[191] Bei dieser Art von Anzeige ist meist von Denunziation aus dem unmittelbaren sozialen Umfeld auszugehen. *„Wer vorsätzlich eine unwahre oder gröblich entstellte Behauptung tatsächlicher Art* (über den Nationalsozialismus, J.S.) *aufstellt oder verbreitet.* (…) *Wer öffentlich gehässige, hetzerische oder von niedriger Gesinnung zeugende Äußerungen über leitende Persönlichkeiten des Staates oder der NSDAP (…)"*[192] von sich gibt, wird von der Gestapo vorgeladen.

---

189 Information von Erika Jäckel, Februar 2021.

190 Die Geheime Staatspolizei (Gestapo) ist als kriminalpolizeilicher Behördenapparat die politische Polizei in der Zeit des Nationalsozialismus und besitzt weitreichende Machtbefugnisse bei der Bekämpfung politischer Gegner, mit rund 900 Mitarbeitern in Wien. Tag für Tag werden hier Hunderte Menschen zur Einvernahme vorgeladen oder nach erfolgter Verhaftung eingeliefert. Etwa 50.000 Personen dürften in deren Mühlen geraten sein. https://www.wien.gv.at/actaproweb2/benutzung/archive.xhtml?id=Ser+++++00009040ma8Invent (25.6.2021).

191 Dokumentationsarchiv des österreichischen Widerstandes. Gestapo-Opfer, Kategorie: Individuelle Widerständigkeit.

192 Heimtückegesetz – Wikisource. https://de.wikisource.org/wiki/Heimt%C3%BCckegesetz (5.4.2021).

Wiener Hofburg. Blick vom Michaelertor zum Kohlmarkt.
Aquarell von Josef Stockinger (1907–1971), nach 1950.

„KRAFT DURCH FREUDE"-PFINGSTAUSFLUG.

JUGEND IM KOSMOS VON GROSS-WIEN

Eine sehr strenge Erziehung sowie starke nationale und antisemitische Einflüsse durch den Vater sind prägende Lebenssituationen von Vilma. Für die Anziehungskraft der NSDAP für diese (Eltern)generation liefert der Historiker Gerhard Botz eine plausible Erklärung: Diese Menschen durchlaufen in der unmittelbaren Vorkriegszeit, während des Ersten Weltkrieges sowie in der unmittelbaren Nachkriegszeit die wesentlichsten Perioden ihrer Sozialisation. Sie waren geprägt durch militärische Lebensformen, und die patriotische Begeisterung weckte und stärkte die „Volksgemeinschafts"-Ideologie.[193]

193 Botz, Gerhard: Strukturwandlungen des österreichischen Nationalsozialismus (1904–1945). In: Ackerl, Isabella/Hummelberger, Walter/Mommsen, Hans (Hg.): Politik und Gesellschaft im alten und neuen Österreich. Festschrift Rudolf Neck. Wien 1981. 180.

Vilma Majetič (1921–2010) mit Girardihut, 1940er-Jahre.

„Mein Hut wird ein Girardi[194]. Ob ich Dir damit gefallen werde? Hoffentlich bitte."[195]

194 Benannt nach dem österreichischen Schauspieler und Operettensänger Alexander Girardi. Er sorgt auch für die Popularität eines flachen Strohhuts mit gerader Krempe, den er mit Vorliebe trug. Dieser Hut wurde später unter der Bezeichnung „Girardi-Hut" bekannt. Siehe: Alexander Girardi – Wikipedia
URL: https://de.wikipedia.org/wiki/Alexander_Girardi (8.2.2021)

195 19480827 V

Das kleine Biedermannsdorf liegt südlich von Wien *„in der Reichweite des Österreichischen Kaiserhauses"*, das sich gern in ihrer nahen „Herrschaft Laxenburg" aufgehalten hat. Zur besseren Verbindung vom Schloss Schönbrunn dorthin ist in der Zeit von 1743–1745 die „Schönbrunner Allee" – unter Einbeziehung von Biedermannsdorfer Grundstücken – trassiert worden.[196] Und, Zufall der Geschichte: dieser monarchistische „Einfluss" zeigt sich auch an den Berufen von Vilmas Vorfahren.

1825 besteht der Ort aus *„87 Häusern, einer Mauth, einem Ziegelofen, einer Papierfabik, und einem Brauhaus (...)."* Akribisch genau verzeichnet eine Publikation des *„Erzherzogthums Österreich"* 1832: *„Im Ort leben 121 Familien (mit 184 schulpflichtigen Kinder), die sich hauptsächlich mit Ackerbau (Rüben, Petersilie) und Obstbau beschäftigen. Diese besitzen 109 Pferde, 2 Ochsen, 227 Kühe und 450 Schafe."*[197] Bei der Volkszählung im Jahr 1934 bewohnen Biedermannsdorf rund 1.300 Menschen. Nach der Annexion Österreichs durch Nazi-Deutschland im März 1938 kommt es zur Errichtung des „Reichsgaues (Groß-)Wien", in welchen die Gemeinden des Bezirkes Mödling als 24. Wiener Gemeindebezirk eingegliedert werden.

196 Augustin, Hanns: Geschichte von Biedermannsdorf. In: Marktgemeinde Biedermannsdorf (Hg.): Heimat einst und jetzt. 1980. 45.

197 Zitiert bei: Augustin, Hanns: Geschichte von Biedermannsdorf. A. a. O., 45 bzw. 55.

Vilma Majetič (1921–2010) in einem eleganten „Erwachsenenkleid“, ein typisches Foto der „Middle Class“ in dieser Zeit. April 1928.

Vilma wird in Biedermannsdorf im Juni 1921 geboren. Sie besucht bis Sommer 1931 die private katholische Volksschule für Mädchen „Stefaneum“, anschließend bis Juli 1935 die „Mädchenhauptschule der Barmherzigen Schwestern Hl. Karl Borromäus“. Aus den sonst objektiv guten Zeugnissen ist ersichtlich, dass sie im zweiten Halbjahr der 2. Klasse möglicherweise ein (subjektives) Problem mit der Lehrkraft oder einen ersten, (früh)pubertären „Durchhänger“ hat. Durchgängig gute und sehr gute Zeugnisnoten stehen den Fächern „Erdkunde“ sowie „Naturgeschichte“ mit einer „Genügend“-Beurteilung gegenüber.[198]

198 Jahreszeugnis 1932/1933, 2. Klasse Mädchenhauptschule Biedermannsdorf.

Klassenfoto Anfang der 1930er-Jahre. Vilma Majetič (1921–2010), allein in der zweiten Reihe links, mit dem verordneten „Hände am Rücken".

„Als Konkurrenzwerte gegen die laizistisch-materialistischen Sozialdemokraten und gegen die aggressiv, die deutsche Nation überbewertenden Nationalsozialisten, wird eine ‚sittlich-religiöse' und ‚österreichisch-vaterländisch' akzentuierte Erziehung von oben verordnet (...)."[199]

Sie beendet 1937 ihre Schulausbildung in der „Öffentlichen Städtischen Wirtschaftsschule Mödling" und beginnt – nach bis dahin erfolgloser Arbeitssuche – am 16. Juni 1938 ihr Berufsleben als kaufmännische Angestellte (eine sogenannte Fakturistin) bei Steyr-Daimler-Puch in Wien. Ihr Ende 1945 angeordneter Wechsel an den Firmenstandort in Steyr wird tief in ihre weitere Lebensplanung eingreifen.

199 Dachs, Herbert: „Austrofaschismus" und Schule. Ein Instrumentalisierungsversuch. In: Talos, Emmerich/ Neugebauer, Wolfgang (Hg.): Austrofaschismus. Politik – Ökonomie – Kultur 1933–1938. Wien–Berlin 2014. 286.

Packpapier aus Chicago, USA. 1930er-Jahre. Originalformat 290 × 360 mm.
Fotografiert von Franz Geroldinger, Steyr.

Vilmas „Tante Leni" wandert 1931 nach Amerika aus und schickt so manches private „Care-Paket". *„Ich habe Wien verlassen mit dem Versprechen in einem Jahr bin ich wieder zurück. – Ich habe nicht verstanden, was ich tue. Am Wasser war ich sehr krank, die glaubten schon ich bin ein Fischfutter. (…) Ich musste 300 $ für meine Reise bezahlen, jede Woche etwas vom Lohn abgezogen (…). (…) Dann hab ich mich eingewöhnt und die Sprache gelernt (Abendschule) and habe Freunde gemacht."*[200]

Auch Vilmas ältere Halbschwester Maria überlegt kurz darauf wegen der tristen Wirtschaftslage in Österreich zu emigrieren. Am 2. Februar 1932 wird sie von ihrer Schwester Leni nicht gerade motivierend beraten: *„Das Elend hier ist auch sehr groß, arbeitslose Männer gehen brotlos herum. (…) Nach Sudamerica auswandern würde ich Euch auf keinen Falle anrathen, da das Klima viel zu heiß and die Arbeit für Euch viel zu schwer ist, d.h. Ihr seid nicht aus so hartem Holz geschnitzt, um das auszuhalten. (…) Die Idee ist gut, dass erst Dein Mann allein kommt, das tuen viele. Natürlich würde ich ihm behilflich sein so gut ich kann, denn die erste Zeit ist sehr hart für jeden der hereinkommt."*[201]

Mündlich ist eine erste Freundschaft mit dem Tobias aus Gersthof („Alle sagten zu ihm Tobi"[202]) überliefert. Ein Porträtfoto mit „Zur freundlichen Erinnerung an den blauen Jungen am Nordseestrand, Otto" beschriftet, deutet vielleicht auf einen weiteren Verehrer hin. Eine tiefere Liebesbeziehung bindet sie an Franz („Franzl") Laserer, der nicht mehr aus dem Krieg zurückkehren wird. Vilma schreibt diesbezüglich im Juli 1947 an Josef: *„Ihre Mutter war rührend, als Mirli* (Franzls Schwester, J.S.) *ihr von uns erzählte. Sie meinte, wenn wir ein bißl mehr Geld hätten, hätte ich Vilma Blumen geschickt. Ist doch rührend, gelt, dabei könnte sie wegen Franzl doch böse sein, weil ich zu warten aufgehört habe."*[203] Josef antwortet – vielleicht auch etwas erleichtert? – umgehend: *„Mit dem Franzl wird es ja doch so werden wie ich immer gesagt habe. Er wird wahrscheinlich nicht*

---

200 Brief von Leni Uicich (Chicago) an Frau Mitzi Božek (Wien) vom 13.6.1956. Leni stirbt noch im selben Jahr. https://www.ancestry.co.uk/search/?name=_Uicich (27.1.2021).
201 Brief Leni Uicich (Chicago) an Frau Mitzi Božek (unsere „Tante Mitzi"), Wien vom 2.2.1932.
202 Erika Jäckel, Info vom 18.3.2021.
203 19470705 V

wieder kommen, wie so viele, wo die Angehörigen leider umsonst hoffen. Er ist halt auch so ein armer Teufel wie viele andere, die fortgezogen sind, um nicht mehr heimzukehren."[204]

Der Untergang der Donau-Monarchie ist ein Nährboden für überlieferte antijüdische Vorurteile. Die jüdische Bevölkerung wird zu Urfeinden der Deutschen erklärt, zum großen Tabu. Es gehört zu den wirksamsten Waffen, jemanden als „Juden" zu benennen oder zu verdächtigen. Die „Vision der Volksgemeinschaft" enthielt von allem Anfang an das Moment des Ausmerzens der „Gemeinschaftsfremden". Und wer als solcher Fremdkörper gilt, kann dann relativ beliebig definiert werden.[205]

Wie tief antisemitisches Gedankengut im Bewusstsein der Menschen verankert bleibt, zeigt nachfolgender Briefdialog, der die damalige ärztliche Leiterin des Reha-Zentrums (Lungenheilanstalt) in Weyer zum Inhalt hat: *„Zu Frau, besser Fräulein (25 bis 30 Jahre) Primar habe ich überhaupt kein Vertrauen. Die hat ihre Karriere scheinbar nur ihrer Abstammung zu verdanken. Abends geht sie immer aufreizend angezogen spazieren, entweder mit männlichen Patienten oder mit dem Doktor. Ich mag sie nicht."*[206] Josef meint dazu: *„Denk nicht daran, dass sie eine Jüdin ist, ewig musst Du ja nicht in ihren Krallen bleiben."*[207]

Im Sommer 1947 – ebenfalls während ihres Reha-Aufenthaltes – schildert Vilma auch nachfolgende Begebenheit: *„Ich bin hier durch Zufall auf einen Mann verfallen, der mir von Beginn an sehr bekannt vorkam. Und als gestern zufällig sein Name (Herr Wollek) am Tisch fiel, wusste ich, dass es nur der sein kann, für den ich ihn, vom ersten Tag an, hielt. Dieser Mann war meinem Vater, bevor er fiel*[208]*, ein aufrichtiger Freund und Kamerad. Er war dort, wo mein Vater arbeitete, Betriebsführer und war ihm damals sehr zugetan. Erst als ich zuletzt daheim war beim Ordnen der Bücher, ist mir ein Buch in die Hände gefallen, das von Herrn Wollek zu Weihnachten 1944 – also die letzten daheim zu Papas Lebzeiten – ihm gestiftet wurde. Die Widmung darin ist sehr tiefsinnig und die Zuneigung dürfte sehr echt gewesen sein. Was*

204 19471027 J
205 Vergleiche bei: Hanisch, Ernst: Der Obersalzberg. A. a. O., 17.
206 19470811 V
207 19470808 J
208 Am 8. April 1945 im Wiener Volksgarten.

davon übrig geblieben ist traue ich mich heute nicht zu prüfen, zumal Herr Wollek leider recht gut mit Frau Primaria ist, deren Abstammung Dir ja nicht unbekannt ist. Ich glaube kaum, dass er mich wiedererkannt hat, obwohl er damals einmal bei uns daheim war. Du weißt ja, wie man über ehemalige Nazis denkt und was für viele trotz guter Freundschaft früher heute noch übrig geblieben ist. Glaubst Du soll ich ihn ansprechen? Ich sollte es lieber sein lassen, um nicht wieder eine schwere Enttäuschung zu erleben."[209] Und Josef versucht darauf eine Antwort zu geben: *„Du fragst mich, ob Du Dich dem Bekannten Deines Vaters vorstellen sollst! Wenn er mit der Primarin nicht befreundet wäre, würde ich sagen ja. Aber so möchte ich Dir abraten. Er würde ihr erzählen, dass Dein Vater irgendeine Funktion hatte und obwohl er nie einem Menschen etwas zuleide tat, sondern selber das höchste was ein Mensch opfern kann – sein Leben – hergab, würde diese Frau a conto ihrer Abstammung einen geheimen Hass auf Dich kriegen und das kannst Du vermeiden. Es ist besser so."*[210]

Obwohl als simple Mitteilungen und Informationen gedacht, spiegeln sich in vielen Briefsequenzen Ausdrücke und Begrifflichkeiten der NS-Ideologie und zeigen die Wirkung der Kriegszeit. Übernommenes Vokabular aus der Kriegsberichterstattung widerspiegelt die Haltung der damaligen Gesellschaft[211] und das allgemein anerkannte und als gültig angesehene Obrigkeitsdenken. Ein Beispiel dazu: Aus dem *„Nesterlbau-Hauptquartier"*[212] gibt der *„Obernestbauer bekannt: das Holz für die Leselampe wurde nach langem, seit gestern anhaltenden Nachsinnieren, ganz durch Zufall heute Abend entdeckt und zugleich beschlagnahmt. Seine Inbesitznahme erfolgte ohne Gegenwehr und ohne Verluste. Mit der Anfertigung kann daher begonnen werden."*[213]

209 19470826 V
210 19470827 J
211 Steinmaßl, Franz: Mollner Jahre. A. a. O., 203.
212 19470917 V
213 19470915 J

„Im Dirndl". Fotoalbum von Vilma Majetič (1921–2010), aus dem Zeitraum 1939 bis Herbst 1942. Diese Albumseite ist betitelt mit: „Lustiger Pfingstausflug 1942. Hermesvilla". 24. oder 25. Mai 1942.

„Sag einmal, wo hast Du das blaue Doinderl für das Schnürl vom Dirndlbluserl hingetan? Ich finde es nirgends, die ganze Bude[214] *habe ich auf den Kopf gestellt, aber vergeblich. Vielleicht hast Du es doch einmal verloren?"*[215]

Das Hakenkreuzsymbol ist „Sonnen- und Lebenszeichen" in vielen Kulturen gewesen, *„doch den Nationalsozialisten war es vorbehalten, diese Feier des Lebens in den von Großdeutschland besetzten Gebieten zum Todeszeichen zu verwandeln."*[216] Diese Symbole wirken auch nach Ende des „Dritten Reiches" weiter: *„Weißt Du, dass die Wandvase, die Du mir gemacht hast, das Sinnbild der Lebensrune*[217] *darstellt. Jetzt mag ich sie noch lieber."*[218]

Wie nationalistische Ideologien auch ausländerfeindliche Meinungen befeuern, zeigt ein Beispiel ebenfalls aus der Korrespondenz während des Weyer-Aufenthalts von Vilma: Elisabeth, eine Mitpatientin, *„benimmt sich nicht am besten, geht mit einem Amerikaner. Weisst Du, der große blonde Bursche, der mit Fräulein Käthe hier gegangen ist". (...)* Und sie fährt mit der persönlichen Einschätzung fort: *„Trotz meines Misstrauens und meiner unerhörten Vorsicht Menschen gegenüber gibt es immer nur Enttäuschungen."*[219]

Univ.-Prof. Ernst Hanisch gibt eine diesbezügliche Einordnung: *„Als politische Landschaft kann Österreich in Bezug auf „national" recht unterschiedlich interpretiert werden: österreichisch-deutsch in der Monarchie, deutsch-österreichisch in der Ersten Republik, wieder österreichisch-deutsch im Ständestaat, nur „deutsch" in der NS-Herrschaft, nur österreichisch in der Zweiten Republik."*[220]

---

214 Im Auszählreim meiner Jugend auf „Jude" gereimt. Die „Bude" war lange Zeit herkömmlicher und gängiger Ausdruck für Wohnung oder Haus, aber auch für die Steyr-Werke.

215 19470806 J

216 Hanisch, Ernst: Landschaft. A. a. O., 248.

217 Die Lebensrune (auch Elchrune bezeichnet) ist ein von den Nationalsozialisten verwendetes Symbol für Leben, Geburt und Fruchtbarkeit und ersetzt beispielsweise in Geburtsurkunden das * oder in der auf dem Kopf stehenden Variante als Todesrune das † in Todesanzeigen. Sie ist Abzeichen der „NS-Frauenschaft". Bundeszentrale für politische Bildung, Berlin. URL: https://www.bpb.de/politik/extremismus/rechtsextremismus/257816/runen-gestern-heute-morgen. (15.2.2021).

218 19471117 V

219 19470817 V

220 Hanisch, Ernst: Landschaft. A. a. O., 67.

Vilma Majetič (1921–2010) im Steyr-Daimler-Puch Büro am Wiener Schwarzenbergplatz, ca. 1944.

Vilma ist offensichtlich in die „Betriebsgemeinschaft" der Steyr-Werke sozial gut eingebunden. Fotoserien von ihren Urlaubsaufenthalten zeigen eine gut – oft im Dirndlkleid[221] – gekleidete junge Frau, und die Beschreibung von Fotografien mit „Lustiger Betriebsausflug 1942" sowie Freizeitunterhaltungen im „Tennisklub Ausstellungsstraße" und „Auf der Kegelbahn" deuten auf unbeschwerte Jugendjahre in einem kleinbürgerlichen Umfeld hin.

Für den Zeitraum Anfang 1939 bis Herbst 1942 belegt ein umfangreiches Fotoalbum[222] Urlaube mit Freunden, vermutlich Arbeitskolleginnen und -kollegen, im Donnersbacher Tauernhaus und im Salzkammergut mit einer Ausfahrt in die Stadt Salzburg. Andere fotografisch festgehaltene Ausflugsziele sind der Königssee und Berchtesgaden, nicht nur – aber auch – wegen eines Abstechers zum „Hitlerhaus am Obersalzberg". Weitere fotografische Dokumentationen betiteln sich „Pfingstausflug mit KdF[223] nach Dürnstein", „Urlaubstage am Klopeinersee", verbunden mit der Erkundungstour zum Lindwurm in Klagenfurt, und auch eine Bergtour auf den Gipfel des Hochobir „über das Rainerschutzhaus" darf nicht fehlen.

Eine Sammlung von Programmheften[224] aus den Jahren 1943 und 1944 gibt Hinweise auf Vilmas Freizeitgestaltung. Die besuchten Kulturveranstaltungen zeigen, dass Vilma im Kosmos der damaligen Wiener Theater- und Konzertwelt angekommen ist. Die Heftmappe enthält 68 säuberlich geordnete und abgeheftete Programmzettel von Konzert-, Opern- und Theateraufführungen in der Staatsoper und im Opernhaus der Stadt Wien. Weiters über Kammermusik im Wiener Konzerthaus, „Deutsches" Volkstheater *(„Kostüme von Ulrich Roller, gefallen an der Ostfront")*, Burg-, Akademie-, Raimundtheater, Theater in der Josefstadt und „Neues Schauspielhaus" in der Wilhelmstraße *(„fast ausschließlich dem Schaffen lebender deutscher Dichter und Komponisten gewidmet")*, Stadttheater in der Skodagasse 20

221 Tracht der ländlichen Bevölkerung im bayrisch-österreichischen Raum. Wird von den Nationalsozialisten als Symbol einer gesamtdeutschen Identität instrumentalisiert.

222 Fotosammlung von Vilma aus der Zeit von Anfang 1939 bis Herbst 1942. Bestehend aus 34 Blättern mit 141 (meist kleinformatigen) Schwarz-Weiß-Fotografien.

223 KdF = „Kraft durch Freude", eine Teilorganisation der Deutschen Arbeitsfront.

224 Theater 1943/1944: Sammlung von Programmheften der von Vilma Majetič besuchten Aufführungen der Wiener Staatsoper, des Burgtheaters, Theaters in der Josefstadt und des Wiener Militärkasinos.

und der Exl-Bühne in der Praterstraße 25. Sie nutzt auch die KdF-Angebote sowie die vermutlich von ihrem Vater oder Bekannten mit NS-Affinität ermöglichten Eintritte zu „geschlossenen Vorstellungen der Wehrmacht", einer „Artistenparade der NSDAP – Gau Wien im Militärkasino" oder eine „Verpflichtungsfeier der Hitlerjugend" am 23. März 1944.

Die Sammlung endet (abrupt) mit „Gudruns Tod" am „Deutschen Volkstheater" am 20. Juni 1944, am *„Rang in der 3. Reihe"*.[225] Am 10. September 1944 erfolgen die ersten großen Luftangriffe auf Wien durch rund 350 US-Flugzeuge. Neun Bezirke sind dabei betroffen und werden schwer zerstört, rund 790 Menschen sterben in dieser einen Bombennacht.[226]

225 Theater 1943/1944: Sammlung von Programmheften. A. a. O.
226 Horncastle, Mona: Margarete Schütte-Lihotzky. Architektin, Widerstandskämpferin, Aktivistin. Wien-Graz. 2019. 200.

Ansichtskarte Oper Wien.

Die Staats-Ideologie beeinflusst auch das Programm von Theater- und Opernaufführungen sowie von Konzerten. Aus Programmunterlagen ist ersichtlich, dass neben den eigentlichen Informationen zur jeweiligen Aufführung oft NS-bezogene Parallelhandlungen gefordert werden. Bei den vom *„Generalmusikdirektor des Gau-Symphonieorchesters Niederdonau"* dirigierten Konzerten oder bei den Konzerten des *„bekannten* (sic!) *Komponist*(en) *Norbert Schultze"*, der das *„Musikkorps des Wachbataillons Wien"* geleitet hat, wird *„das Publikum gebeten, sich vor Beginn der Vorstellung beim Erscheinen unserer verwundeten Frontsoldaten in der Mittelloge von den Plätzen zu erheben"* und nur zu Hause zu husten, *„im Theater in der Pause".* Des Weiteren wird darauf hingewiesen, *„bei Fliegeralarm Ruhe (zu) bewahren".* In einem aktuellen ORF-Bericht über Wiens Theater unterm Hakenkreuz wird unter der Überschrift „Programmheft mit Luftschutzregeln" festgehalten: *„Jedes Theater sollte binnen sieben Minuten geräumt werden können. Damit es schneller ging, durfte das Publikum die Garderobe mit zum Platz nehmen. Zugleich wurden alle brennbaren Dekorationsstoffe aus dem Innenraum entfernt."*[227]

227 Wiens Theater unter dem Hakenkreuz. URL: http://orf.at/stories/2429786/2429785/ (16.5.2021)

Die Familie wohnt ab 1937 in Wien, sie betreibt das Klubhaus des Radsportvereins „Die Wanderer" bzw. des „Tennis-Clubs Prater"[228] in der Ausstellungsstraße 172 im Wiener Prater mit weitläufigem Garten und übersiedelt, nachdem diese Anlage (1944?) zerbombt worden ist, in die nahe Wachaustraße, in eine (vermutlich ursprünglich) arisierte Wohnung mit Zimmer, Küche und Kabinett.[229]

Tragische Geschehnisse zu Kriegsende sind für Vilma ein persönlicher Schicksalsschlag mit traumatischen Folgen. Am 8. April 1945 ist der Vater im Wiener Volksgarten, „auf dem Feld der Ehre", wie es in der Parte heißt, ums Leben gekommen. An diesem Tag erreicht, im Zuge der Befreiung Wiens, die Rote Armee bereits den Gürtel bzw. einen Tag später den Ring.[230] Die knapp 24-jährige junge Frau wird im Sommer 1945 zur Exhumierung und Identifizierung ihres provisorisch in einem Massengrab bestatteten Vaters gerufen. *„Meine Gedanken weilen jetzt oft daheim. Aber in dem Zuhause, das Du nicht kennst",* schreibt sie an Josef. *„Sie reichen zurück in die Zeit wo noch Papa gelebt hat und ich bin jetzt so oft im Geiste mit ihm beisammen".*[231]

Nach der Befreiung Wiens durch die Sowjetarmee im April 1945 wird die Wohnung im zweiten Bezirk fluchtartig verlassen. Die Witwe zieht mit Vilma und der zwölfjährigen Ziehtochter „Riki"[232], die sich an dieses Ereignis detailgenau erinnert, mit „Leiterwagen und Koffer" zu ihrer älteren Tochter Maria in die Augustinerstraße im ersten Gemeindebezirk.[233]

Im Frühjahr 1946 ist, laut einer Stellungnahme der UNO, die Versorgungslage in Wien so schlecht, dass das österreichische Volk zu jenen in der Welt zählt, die dem Hungertod am nächsten sind.[234] Die Menschen führen *„einen heute schwer vorstellbaren, grausamen Kampf ums Überleben (...). Das Konsumniveau war während des Krieges schon allmählich abgesunken, (...) doch zu Beginn der Nachkriegszeit brachen erst wirkliche Notzustände*

228 „Der Lehmann". A. a. O., 1940. Band 2. 94.
229 Gespräch mit Erika Jäckel am 23. Juni 2021.
230 Der Standard, Der Kampf um Wien. A. a. O.
URL: https://de.wikipedia.org/wiki/WienerOperation#WestlicheUmfassung Wiens (13.4.2021);
Klein, Erich: Die Russen in Wien. Die Befreiung Österreichs. Wien 1995. 152.
231 19470826 V
232 Erika Jäckel (geb. Biener), Jg. 1933.
233 Information Erika Jäckel, 20.3.2021.
234 Horncastle: Margarete Schütte-Lihotzky. A. a. O., 206.

aus. Das Wetter im Jahr 1946 war extrem trocken, der Winter 1946/47 eisig kalt. Importe blieben aus, da die Infrastruktur zusammengebrochen war. Lebensmittelversorgung und Landwirtschaft waren daher die größten Schwachpunkte, im Frühjahr 1946 kam es zum schwersten Einbruch in der Lebensmittelversorgung."[235]

Dieser allgemeine Notstand wird auch in den Briefen erwähnt. *„Mama schreibt, dass sie noch kein Brennmaterial für den Winter bekommen hat. 100 kg sind aufgerufen und bis jetzt hat sie nicht einmal noch einen."*[236]

Im Zuge von Umstrukturierungen wird Ende 1945 die Bilanzabteilung der Steyr-Werke an den Standort Steyr verlegt und Vilma dorthin versetzt.[237] Die Trennung vom bekannten sozialen Umfeld in Wien und ihrer alternden Mutter ist für sie schwer zu verarbeiten, da durch den Verlust des Vaters eine ausgeprägte Mutterbindung entsteht: *„(...) sag ich Dir zum Abschied noch, dass ich Dich viel viel mag und mich, trotzdem es hier so schön ist, schon sehr auf Dich freu. Aber nur auf Dich, nicht auf Steyr"*[238], schreibt sie – noch Jahre später – im Jänner 1950 an ihren Ehemann.

---

235 Haller, Günter: Das hungernde und frierende Österreich von 1946. In: https://www.diepresse.com/5096110/das-hungernde-und-frierende-osterreich-von-1946. (10.8.2021).
236 19470908 V
237 Information Erika Jäckel vom 20.3.2021.
238 19500112 V

AM GEMEINSAMEN LEBENSWEG

Transskription des Laschentextes:
„Wir sitzen beisammen in seliger Ruh,
das Vogerl schaut uns neidig zu!
Ostern und Pfingsten
sind vorbei –
doch geblieben sind,
meine Liebe und Treu
zu Dir."[239]

Ein Aquarell hinter dem Blickfenster im Brief von Josef Stockinger (1907–1971) an Vilma Majetič nach Weyer vom 26.5.1947.

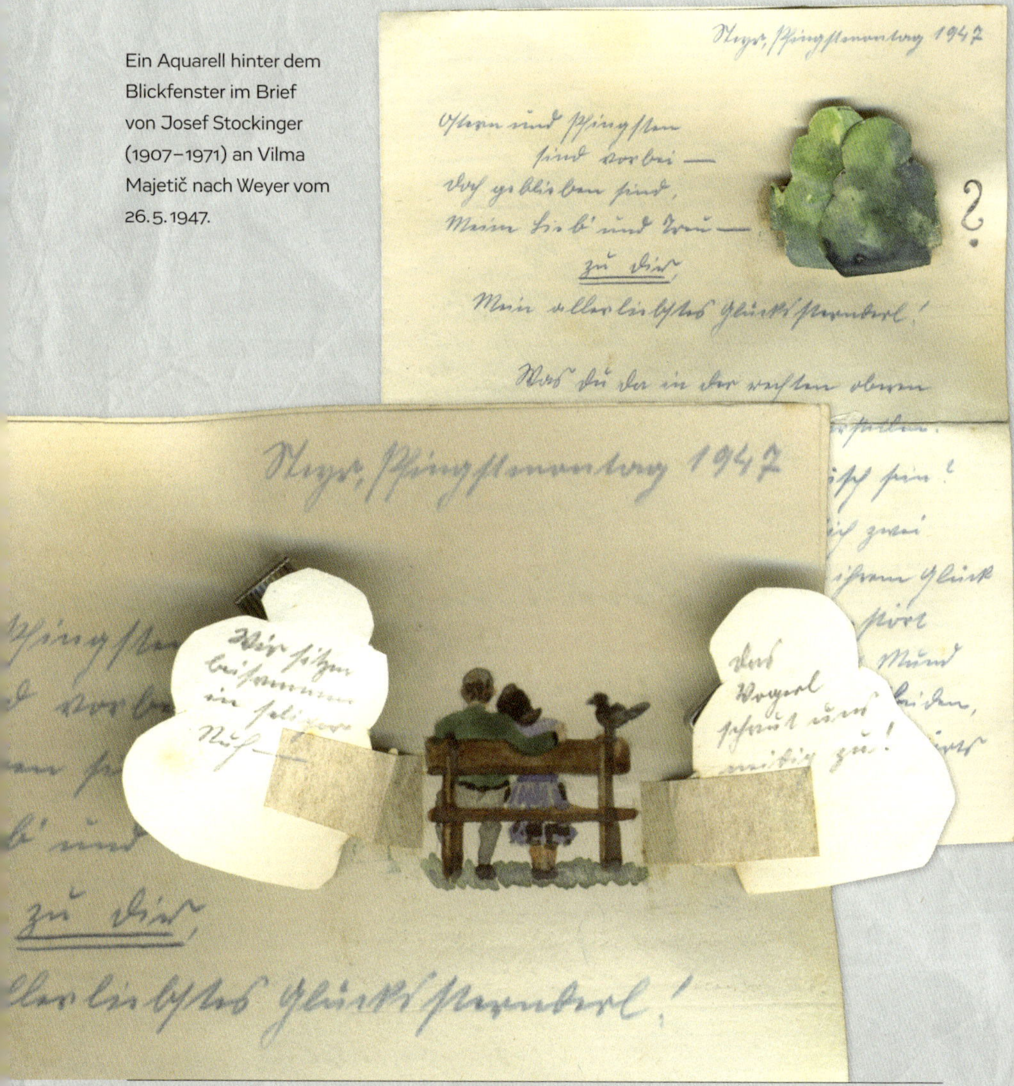

239 19470526 J

„ICH WILL MIT DIR PLAUDERN". EINE NACHKRIEGSROMANZE

„Darum muss wieder das geduldige Papier herhalten und Vermittler zwischen uns sein. Millionen Menschen vor uns und Generationen, die nach uns kommen, haben und werden es genauso machen um das niederzuschreiben, was ihr Herz bewegt".[240]

„Wir liegen beide, wenn wir uns schreiben, meistens im Bett. Nur schade, dass die Betten nicht nebeneinanderstehen, sondern 45 km voneinander entfernt sind. Und doch sind meine Gedanken jetzt ganz bei Dir. Sie gehen über Berge und Täler und fliegen über Wasser und dunkle Wälder, in denen jetzt die Hirsche ihr Röhren ertönen lassen. Ich sehe ganz deutlich Dein liebes Gesicht mit den dunklen Augen und dem kleinen Mund, der so lieb sprechen und lachen kann. (…) Aber auch ein anderes Wort klingt mir, wenn ich recht Sehnsucht nach Dir habe als Verheißung und Trost in den Ohren: Dein schönes, mir in Nußdorf gesagtes „Ja, ich will Deine Frau werden". Und Dein Versprechen, wenn Du heimkommst, mich nicht mehr zu verlassen."[241]

240 19470518 J
241 19471021 J

Josef Stockinger (1907–1971), 17.11.1946.

Handschriftlicher Rückentext: *„Wann i a net ollaweil lach, wia auf dem Büdl, und oft finster drein schau als wia, brauchst wögen dem doch koa Angst habm vor mir".*

Haarlocke von Vilma Majetič und dazugehöriges Kuvert.

„Was sagst Du denn zu meiner, in Ermangelung einer Schere, mittels Messer abgeschnittenen Locke? Vorher habe ich es recht gebürstet damit es recht glänzt. Sooft Du böse zu mir bist (ob das je einmal vorkommen wird ?!) tun mir die Haare dort weh, wo die Locke fehlt".[242]

„Dein Lockerl, (…) habe ich jetzt immer fein säuberlich verwahrt bei mir als Talisman und wenn ich recht Sehnsucht nach Dir habe, dann nehme ich es aus der Umhüllung und gebe ein Busserl darauf und denke dabei recht an Dich".[243]

242 19470722 V
243 19470422 J

Rund sieben Monate nach Josefs Rückkehr vom Krieg und wenige Monate nach Vilmas Ankunft in Steyr findet ihre erste Begegnung am 8. April 1946, der Montag vor den Osterfeiertagen, bei einer Bergwanderung auf den Schoberstein im Ennstal statt[244], auf der Weide nach dem ersten Waldstück. *„Als ich mich damals vor neunzehneinhalb Monaten aufmachte, um auf den Schoberstein zu gehen – wie schon so oft zuvor – dachte ich nicht daran, dass mir dort etwa ein liebes Mädel geschickt würde (…)".*[245] Doch im Lichte der weiteren Entwicklung ist erkennbar, dass ab diesem Zeitpunkt für Josef alles richtig scheint und es keinen Raum mehr für Zweifel gibt. Er ist 39 Jahre alt und nach all den Erlebnissen während Wirtschaftskrise, Arbeitslosigkeit und Krieg an einer zukunftsgerichteten Beziehung interessiert, der überlieferten Familienfama nach auf der Suche nach einer Lebenspartnerin.[246] Vilma, im Dezember 1945 in die Bilanzabteilung der Steyr-Werke nach Steyr versetzt[247], ist zurückhaltend und zögerlicher, sie hat im Innersten vielleicht die Hoffnung auf die Rückkehr ihres in die Wehrmacht eingezogenen früheren Freundes und Geliebten Franzl noch nicht aufgegeben, ihre Trauer darüber ist möglicherweise noch nicht bewältigt. Dieser ist an der Front vermisst und sein Tod oder seine Kriegsgefangenschaft sind zu diesem Zeitpunkt noch nicht bestätigt.[248] Nach dem ersten Kennenlernen ist es daher beinahe ein Jahr, zumindest aus Vilmas Sicht, *„eine schöne Bergkameradschaft"*.[249]

244 19480407 J
245 19471118 J
246 Auskunft von Hildegard Wendt, 25. 3. 2021.
247 19470908 J und Information von Erika Jäckel vom 18. 3. 2021.
248 19470705 V
249 19461224 V

Vilma schickt zu Weihnachten 1946, in ein Buch eingeschrieben, folgendes Gedicht und deutet darin bereits den Weg in eine auch von ihr jetzt angestrebte fixere Beziehung an.

„*Waldweg*
Wege gibt es, die man nie vergisst,
weil das Herz hier einst gewandelt ist.
Und für eine flücht'ge Stunde Zeit
eingesogen Luft der Ewigkeit.
Dort im Waldesdunkel ruht der Pfad,
wo ein Engerl heimlich mir genaht
und für einen holden Augenblick,
wie ein Traumbild mir erschien das Glück.
Dass in seinem Sonnenschein die Welt
milde leuchtend sich mir aufgehellt
eine kurze, eine sel'ge Frist, –
Wege gibt es, die man nie vergisst!

Josef bringt seine diesbezüglichen Gedanken auch sehr emotional zu Papier: *„Unsere anfänglich nur aus der Liebe zur Natur und den Bergen geborene gegenseitige Zuneigung ist (…) zu einer mächtigen Flamme der innigen Liebe geworden, die kein Sturm und Ungewitter des Lebens auslöschen wird."*[250] Und er ergänzt: *„Ich will es jetzt aussprechen: noch nie habe ich mich mit einem Mädchen so gut verstanden wie mit Dir. Gerade Dein Feingefühl ist es, was mich neben anderen Vorzügen besonders zu Dir hinzieht. Mit einem Wort gesagt, Du bist mein Typ"*[251], *„ohne Dich bin und kann ich nichts, aber wenn ich weiß, dass Du mir gut bist, gelingt mir alles."*[252] *„Ich würde alles für Dich tun damit Du recht glücklich wirst. Geh nicht mehr fort von mir und lass mich nicht allein."*[253]

---

250 19480407 J
251 19470526 J
252 19470526 J
253 19470822 J

Er setzt jetzt noch ein weiteres Zeichen zur Absicherung der Beziehung und informiert Vilma, dass er ihrer Mutter nach Wien geschrieben hat, und zwar *„einen acht Seiten langen Brief. (...) Teile ihr darin unter anderem mit, dass ich Dich sehr, sehr liebhabe und dass ich es ihr schon lange schreiben wollte, aber ich vermied es bisher, um ihr nicht neben ihrem Kummer wegen Deiner Krankheit noch Sorgen zu bereiten. Außerdem bat ich sie, Dir nicht böse zu sein, dass Du nicht diejenige warst, die ihr zuerst direkt mitteilte, dass wir uns gernhaben. (...) Schimpfen darfst Du aber nicht mit mir, weil ich es Mama schrieb, es ist gut, wenn sie es einmal weiß."*[254]

Beinahe in jedem seiner folgenden Briefe wird die (zukünftige) Schwiegermutter erwähnt, wenn er beispielsweise schreibt: *„Ich bringe den guten Willen mit, der aus meiner großen Liebe zu Dir entspringt, zu arbeiten und zu sorgen damit wir nie in Not geraten und ein schönes Heim bekommen und außerdem Mama nie im Stich zu lassen."*[255] Er erkennt (instinktiv), dass sich das Kümmern und Einbeziehen von Vilmas verwitweter Mutter als ein wichtiger Schlüssel für die Vertiefung der Beziehung erweist. Bezüglich einer Einladung nach Steyr schreibt er der (Schwieger-)Mutter beispielsweise: *„Die Hauptsache ist, dass Du kommst. Jetzt haben wir Dich doch erwischt. Wir sind zwei „ohdrahte"*[256] *Spitzbuben, wirst' Dir denken und wir verstehen unser Geschäft."*[257]

Doch in der sich rasch klärenden und tiefergreifenden Beziehung werden die Möglichkeiten von jetzt ab viel gemeinsam verlebter Zeit jäh gestoppt. Bei Vilma wird Lungentuberkulose[258] diagnostiziert, einem Aufenthalt im Steyrer Krankenhaus folgt vom Sommer 1947 bis zum Jahresende ein langer Rehabilitationsaufenthalt in Weyer. Wegen der günstigen klimatischen Lage wird hier bereits von 1926 bis 1933 eine „Lungenheilstätte" geführt, während der NS-Zeit ein Erholungsheim. Ab 1946 ist es wieder ein medizinisches Rehabilitationszentrum für Menschen mit Lungenerkrankungen im Besitz der PVA.[259]

---

254 Von Josef Ende 1946 ohne genaue Datumsangabe geschrieben. Diese Information steht auf eigenem Blatt als: „N.S.: Ich habe den Brief nochmals aufgerissen (...)". Dieser Brief an Marie Majetič ist nicht erhalten geblieben.
255 19480407 J
256 Im Sinn von schlau und hinterlistig.
257 19480827 J an Marie Majetič.
258 Hinweis von Frau Dr. Petra Friedl-Wörgetter, BBRZ Linz: Mögliche Ursachen dieser Bakterieninfektion können auch Mangelernährung und ein geschwächtes Immunsystem sein. Die Krankheit wird heute mit Antibiotika behandelt.
259 Informationstext von Herrn Dr. Adolf Brunnthaler, Weyer. E-Mail an den Verfasser vom 16.6.2020.

Vilma schreibt am Gründonnerstag 1947 im Steyrer Krankenhaus nachfolgendes Gedicht an Josef:

„Draußen wills schon Frühling werden
doch in mir ist alles leer.
Ostern kommt, das Fest der Freuden!
Und mein Herzerl ist so schwer!
Leberblümlein, Himmelschlüssel,
Schneerosen und vieles mehr.
Denn die Kraft des Frühlings zaubert
uns die schönsten Blüten her. –
Will denn der geliebte Frühling
gar nicht einziehen in mein Herz? –
Und mit seinen vielen Freuden
fortjagen all meinen Schmerz? –

Dies ist ein Stückerl von mir. Es ist das erste Gedichterl meines bisherigen Daseins und gehört nur Dir. Außerdem soll es eine kleine Abbuße Deiner so liebevollen Fürsorge sein. (...) Ostern 1947, herzlichst gewidmet von Vilma"[260]

260 19470403 V

„Genesungsheim des Gremiums der Wr. Kaufmannschaft", Weyer. Vermutlich vor 1938.

In dieser außerordentlichen Lebenskrise mit all den negativen Gedanken und dem Verlust des Selbstwertgefühls vertieft sich die Beziehung. Die Krankheit und das bevorstehende Getrenntsein durch Vilmas Aufenthalt in Weyer verstärkt die gegenseitige Zuneigung. Ende Juni 1947 – noch vor Vilmas Reha-Aufenthalt – gestalten beide einen ersten gemeinsamen Urlaub bei der (Schwieger-)Mutter in Wien und planen bereits ihre Verlobung und spätere Hochzeit: *„Einer von den schönsten Augenblicken war als ich Dich in Nussdorf fragte: ‚Willst Du meine Frau werden' und als Du mir dann mit Deiner lieben Stimme offen und frei die Antwort gabst: ‚ja', da war ich glücklich wie ein Kind."*[261]

261 19470702 J

„Entweder kann ich bei Dir sein und mit Dir leben oder es hat die Welt für mich keinen Wert mehr. Ein Mittelding gibt es nicht. Das sind aber keine leeren Phrasen, sondern Worte eines gereiften Mannes. Ich weiß, dass ich jetzt durch diese Worte die Verantwortung für alles das, was eventuell passieren könnte, von Dir weg auf mich nehme. Aber ich tue es gern und freiwillig und bin mir der Tragweite meiner Worte voll bewusst. Was würde das für eine Liebe von mir sein und was wäre ich für ein armseliger Wicht, wollte ich nur so lange zu Dir halten und nur dann Dich zur Frau haben wollen solange ich 100 % weiß, dass keine Gefahr (durch die Lungenkrankheit, J. S.) *für mich besteht."*[262]

Vilma und Josef vor dem Reha-Zentrum in Weyer, Herbst 1947.

262 19470730 J

Von Steyr ins Reha-Zentrum nach Weyer zu gelangen ist in dieser Zeit durchaus mühsam: „*Weil ich grad vom Kommen red. Gar zu früh darfst mich am Samstag nicht erhoffen. Der Zug kommt fahrplanmäßig erst um ca. 14:45 Uhr nach Kastenreith*[263]*. Dann ist die Fragerei wegen des Nachtquartiers. Und zum Gehen wird es auch eine Stunde oder noch mehr sein.*"[264]

„*Mein Gedicht ist heute zwar nicht besonders schön, doch ich muss meinem Ärger ein bisschen Luft machen. Mir wird die ewige Flohbeisserei schön langsam zu dumm. Ich halte schon was aus, doch was zu viel ist, ist zu viel. Kaum lege ich mich ins Bett beginnt schon die Fütterung sämtlicher Raubtiere.*"

„*In Kastenreith, da ist es ein Graus!*
Voll Flöhe ist dort das ganze Haus,
die halbe Nacht finde ich keine Ruh
und mach vor Jucken kein Auge zu.
Da schlafe ich lieber bei der Post. (Hotel Post in Weyer, J.S.)
Die paar Schilling, was die Geschicht' mehr kost',
die spielen auch keine Rolle,
denn Hauptsache ist, dass ich schlafen kann.
Und in der Früh in Gottes Nam',
damit ich nicht laufen muss zur Bahn,
stehe ich ein wenig früher auf,
das nehme ich schon noch mit in Kauf".[265]

Vilma antwortet auf Josefs Übernachtungsabenteuer durchaus originell: „*Es ist 19:30 Uhr und Du wirst bereits in Kastenreith sein, vielleicht sogar schon im Bett so wie ich. (...) Vielleicht beißt Dich gerade ein Floh? Ja? Oh, wenn das ich sein dürfte!*"[266] Und Josef antwortet: „*Du sagst, wenn Du ein Floh wärest, tätest Du mich gerne beißen. Ja, da wäre ich einverstanden, das könnte ich stundenlang aushalten ohne mich zu kratzen. Aber eines könnte Dir passieren, dass ich Dich, wenn Dir das Beißen keine Freude mehr macht, fangen würde und nicht mehr auslassen.*"[267]

---

263 Ab Juni 1945 ist die Verbindung der Bahnstrecke Amstetten – Kastenreith durch die Errichtung der Demarkationslinie zwischen Gaflenz und Weyer unterbrochen. Siehe bei: Wegenstein, Peter: Wege aus Eisen in Oberösterreich. Zur Geschichte der Eisenbahn im Land ob der Enns. Schleinbach 2020. 39.

264 19470806 J

265 19471014 J

266 19470912 V

267 19470916 J

treibt wieder neu um.

Da muss ich Dir doch, wenn die Leselampe fertig ist und mir noch einige Brettel bleiben, auch Deinen schon lang gehegten Wunsch nach einem Blumenständer erfüllen.

Mich freuts dass Du mit dem improvisierten Wandvaserl Freude hast. Bekommst aber ohnehin in absehbarer Zeit ein richtiges. Wenn ein solches das sonst nirgens zu sehen ist.

Purzele! Soeben fällt mir ein. Schalter brauchst keinen mehr kaufen. Ich hab schon einen. Nur einen Stecker wenn Du leicht kriegst.

Nun mein gutes Frauenmamale, nun muss ich noch eine kleine Weile lesen.

Mauserl von Deinem

See-perle

AM SAMSTAG ZWISCHEN 8 UND 9.

Dienstag 21 30 Uhr

Purzele wie geht es Dir denn? Doch gut! Ich denke sehr oft und viel an Dich. Den ganzen Tag von früh bis spät.

Josef besucht Vilma im Rehabilitationszentrum in Weyer.
Zeichnung aus dem Brief vom 22. September 1947.

Über den Alltag sind sehr kurzweilige „Kur-Anekdoten" überliefert, manchmal minutiös dokumentiert: *„Jetzt ist es 7:45 Uhr und so schreibe ich weiter. Während der vorherigen Liegestunde bin ich gestört worden. Ich musste zum Arzt. Inzwischen ist ein Unfall passiert. Ein mordsdrum Lackel ist auf das Klo gegangen und ist in die Muschel eingebrochen, jetzt hat der Splitter im Hintern gehabt."*[268]

Eine weitere Anekdote hat die unterschiedlichen Klingelsignale im Reha-Zentrum zum Inhalt: *„Und eine Läuterei muss das bei euch sein. Das ist wieder etwas für Deine Nerven. Sag liebe Vilma, wie wird denn das werden, wenn ich Dich besuchen komme? Muss ich mich da auch immer niederlegen bei diesem Klingelzeichen? Ich tue es schon, aber nur unter der einen Bedingung, dass ich mich neben Dich legen darf. Da wäre es dann schon ein paar Stunden auszuhalten. Nicht dass es am Ende so ist wie in meiner Rekrutenzeit, dass man sich auf ein gewisses Zeichen hinlegen muss, wo man gerade steht. Das wäre ja allerhand."*[269]

Eine der Therapien ist durchaus rustikal. *„Nach dem Essen um 13 Uhr kommt die viel gefürchtete „Absolute"* (Ruhetherapie, J.S.). *Da muss man bis 15 Uhr schlafen. Dabei darf weder gelesen noch gesprochen werden. Das Zweitere fällt mir nicht schwer, da ich den ganzen Tag allein bin. (…) Bei uns hat es heute früh schon etwas geschneit. Die Berggipfel sind auch schon angezuckert, es ist fürchterlich kalt zum Liegen im Freien. Ich bin angezogen wie ein Nordpol-Forscher."*[270]

---

268 19470722 V
269 19470725 J
270 19471019 V

Im Dezember 1947 wird die Rehabilitation zu Ende zu gehen, über ihre Entlassungsbesprechung beim betreuenden Arzt schreibt Vilma: *„Die Ärzte, sagt er, haben kein einziges Mittel, um Tbc ausheilen zu können. Da muss jeder Körper selbst dazuschauen, um mit diesem „schleichenden Gift" fertig zu werden. Gesund werden sie von hier kaum entlassen werden, nur gebessert. Es gibt Menschen, die aber mit ihrem „gebessert" ihr ganzes Leben weiterleben. Das sind so seine Worte gewesen. (...) In der Hauptsache sind es seelische Depressionen, die diese Krankheit hervorrufen. Das kann ja bei mir stimmen, hervorgerufen durch die viele Arbeit damals und Vieles mehr."*[271]

Die Lebensfreude und der Humor sind jetzt wieder zurückgekehrt: *„Schau, das ist lieb: auf meinem Balkongeländer sitzt ein kleiner Vogel und schaut zu mir herein, ich möchte einen Vogel haben. Was hast Du gesagt? Hast eh einen? Na warte nur. Jetzt lachst Du wieder (...)."*[272]

---

271 19470821 V
272 19470722 V

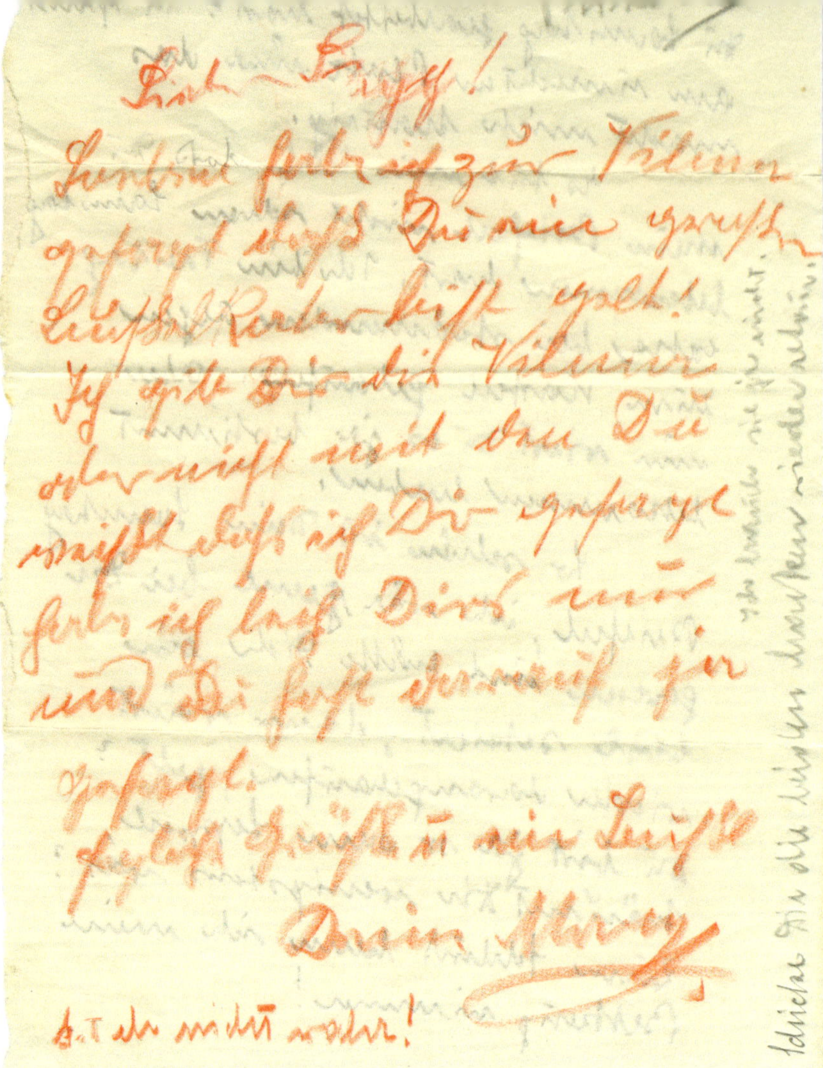

Brief der Schwiegermutter Marie (1881–1956) vom 23. Mai 1950, 9 Uhr.

Die (Schwieger-)Mutter Marie schreibt mit rotem Buntstift: *„Lieber Sepp, soeben habe ich zur Vilma gesagt, dass Du ein großer Busslkater bist, gelt! Ich gib Dir die Vilma aber nicht mit, den Du weißt, dass ich Dir gesagt habe, ich leih Dirs nur und Du hast darauf ja gesagt. Herzliche Grüße und ein Bussl, deine Mami."* Handschriftlich ergänzt von Vilma: *„Ist eh nicht wahr!"*[273]

Marie ist ein besonnener und humorvoller Mensch gewesen. *„Heftige Worte konnte und wollte unsere Mutter nicht ertragen. Sie schwieg dann einfach und hing wieder ihren eigenen Gedanken nach."*[274]

---

273 19500523 V. Der Brief von Marie ist auf einem eigenen Blatt beigefügt.
274 Jäckel, Erika (Riki): Wien I – Judenplatz 5. A.a.O., 42.

Aber Vilma ängstigen Gerüchte über die Sicherheit ihres Arbeitsplatzes, insbesondere wegen ihres langen Reha-Aufenthaltes. Josef beruhigt: *„Aber vorderhand ist ja von Deiner Kündigung keine Rede. Wir sprechen nur darüber als reife denkende Menschen, die alles in Erwägung ziehen, damit wir, sollte es dazu kommen, nicht überrascht sind. (...) Ich habe mich heute Nachmittag mit dem Gedanken getragen, am Montag gleich in der Früh, wegen Dir mit dem Betriebsrat Huemer*[275] *zu sprechen. Ohne von der Gefahr einer Entlassung zu sprechen wollte ich ihn ersuchen, sich für Dich einzusetzen, dass Du nach Deiner Rückkehr ins Kugellagerwerk versetzt wirst. Oder sonst irgendwo hin, wo Du es leichter hast."*[276]

Auch Arbeitskollegen sind mit gut gemeinten Ratschlägen zur Stelle: *„Heute hat die Magere von der Anni ihrem Büro gemeint, ich soll versuchen, Dich nach Deiner Entlassung in Weyer, zu einem Bauern auf Erholung zu bringen. Sie wird es ja ganz gut meinen damit, aber wo in der Welt gibt es heute einen Bauern, der jemand, den er noch dazu nicht kennt, zu sich nimmt auf Erholung. Unsere Bauern sind nicht so nächstenliebend, dass sie jemand nur zur Erholung nehmen. Wer ihnen nicht bei der Arbeit tüchtig hilft und sich den ganzen Tag ausschinden lässt, der gilt nichts."*[277]

Nach dem weiteren Rückgang ihrer Entzündungswerte[278] besucht Josef Mitte Dezember 1947 seine zukünftige Frau zum letzten Mal in Weyer. Und da der Briefwechsel hier abbricht, ist davon auszugehen, dass sie die Weihnachtsfeiertage bereits gemeinsam zu Hause in Steyr verbracht haben dürften.

---

275 Obmann des Angestelltenbetriebsrates der Steyr-Werke. Von 1945 bis 1955 ist er Gemeinderat und anschließend bis 1967 Stadtrat in Steyr gewesen.

276 19470922 J

277 19470909 J

278 Am 17.11.1947 ist der Wert von ursprünglich 26 auf 19 gefallen. Der Sohn des Autors, Dr. med. Michael Stockinger, antwortet dem Autor betreffend Entlassung aus stationärer Behandlung mit diesen Blutsenkungswerten (per E-Mail am 13. Jänner 2021): „Heute liegt dieser Grenzwert bei etwa 30. Früher war es wahrscheinlich sehr ähnlich."

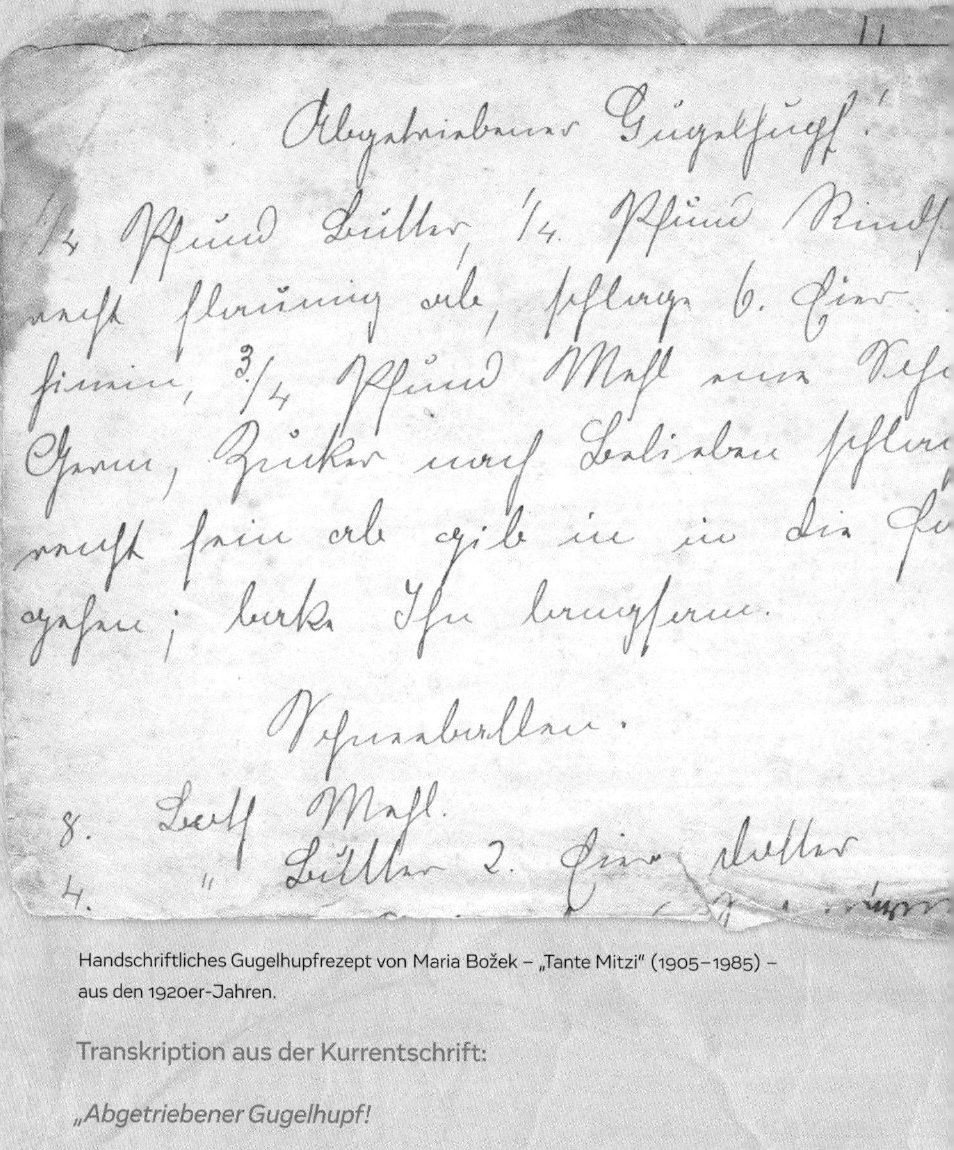

Handschriftliches Gugelhupfrezept von Maria Božek – „Tante Mitzi" (1905–1985) – aus den 1920er-Jahren.

Transkription aus der Kurrentschrift:

„Abgetriebener Gugelhupf!

¼ Pfund[279] *Butter, ¼ Pfund Rindschmalz, treibe recht flaumig ab, schlage 6 Eier und 3 Dotter hinein, ¾ Pfund Mehl, eine Schale Milch, 3 Kr.* (Maßeinheit nicht eruiert, Krümel?, J. S.) *Germ, Zucker nach Belieben, schlage den Teig recht fein ab, gib ihn in die Form, lasse ihn gehen; backe ihn langsam".*

---

279 12,5 dag.

„Die Butter am Brot marschiert nur im Geiste mit". Ernährungsnotstand und Schleichhandel

„Ein Stück von mir entfernt – es ist übrigens momentan außer mir der einzig Wartende – sitzt ein armer Schulbub von circa zehn Jahren (an einem Spätnovembertag 1947 um 13:45 Uhr im Warteraum der Zughaltestelle Kastenreith, J. S.). *Er muss von der Schule nach Küpfern heimfahren. Nasse Füße hat er und der Hunger sieht ihm aus den Augen heraus. Ich habe ihm ein Stück Speckbrot geschenkt. Darüber hat er eine sehr große Freude gehabt. Nun kann er ja den Zug leichter erwarten."*[280]

280 19471124 J

Milchverkauf in den 1930er-Jahren.

Die Versorgung mit ausreichend Lebensmitteln ist eines der zentralsten Anliegen, nachdem am 5. Mai 1945 Steyr durch amerikanische Truppen befreit worden ist. Und *„auch in Wien ist die Versorgung mit Lebensmitteln nach Kriegsende katastrophal und erholt sich erst mit verschiedenen Hilfsaktionen aus dem Ausland. Für die Beschaffung von Lebensmitteln waren mehrheitlich Frauen zuständig (…) da es kurz nach Ende des Krieges und in den ersten Nachkriegsjahren einen deutlichen Frauenüberschuss gibt."*[281] Viele Lebensmittel und andere Dinge werden nur über ein staatliches Lebensmittelkartensystem mit Bezugsscheinen abgegeben. Dies soll eine gerechte Aufteilung gewährleisten. Die zugestandenen Rationen sind allerdings knapp bemessen, die Lebensmittelpreise im Schleichhandel sehr hoch. Ein Überleben ohne Tausch- oder Schleichgeschäfte ist schwer möglich. Die Wiener Arbeiterkammer geht davon aus, dass nur knapp ein Drittel der Lebensmittel aus öffentlichen Stellen aufgebracht wird.[282] *„Was sonst die Stimmung der Bevölkerung betrifft, so ist zu sagen, dass bei einem großen Teil Unzufriedenheit und große Besorgnis herrscht, weil trotz allen öffentlichen Erklärungen die Preise anziehen"*[283], steht in einem internen Bericht der oberösterreichischen Sicherheitsdirektion.

Das „Hamstern gehen" und der Erwerb von Lebensmitteln auf dem Schwarzmarkt (Stichwort: Schleichhandel) sind für eine ausreichende Versorgung der arbeitenden Bevölkerung eine Notwendigkeit. *„So strahlend heute die Sonne schien und mein Gesicht braun brannte, so düster war der Tag in punkto Hamsterei. Das Ergebnis war gleich null. Teilweise war ich selber dran schuld, weil ich Deinen guten Rat nicht befolgte und nicht in meine alte Hamstergegend fuhr. Alle Bauernhäuser bis ganz auf den Damberg hinauf bin ich abgelaufen. Und nirgens*[284] (Original Handschrift, J. S.) *bekam ich etwas. In der Stadtnähe ist mit der Hamsterei nichts zu machen. Ich hätte Dir so gern eine Freude gemacht und beim Kommen eine Schachtel voll Eier überreicht. Jetzt bin ich ganz arm und hab nichts (…)."*[285]

281 Petretto, Barbara: Sozialpolitische Maßnahmen. A. a. O., 72.

282 Bandhauer-Schöffmann, Irene / Hornung, Ela: Von der Erbswurst zum Hawaiischnitzel. Geschlechtsspezifische Auswirkungen von Hungerkrise und „Freßwelle". In: Albrich, Thomas et al. (Hg.): Österreich in den Fünfzigern. Innsbruck 1995. 11.

283 Zitiert bei: Bernt-Koppensteiner, Ines: Als man die Arbeiter im Stich ließ. Oktoberstreik 1950. In: Stockinger, Josef (Hg.): Zeit die prägt. Steyr 2011. 255.

284 Josef dazu als eine Randbemerkung im Brief, einen fiktiven Dialog wiedergebend: *„Du hast schon wieder einige Schreibfehler im Brief, das regt mich so auf. Ich hab eh so ein unguates Gefühl, aber ich find nix."*

285 19480401 J

Ein weiteres diesbezügliches Beispiel ist die Schilderung vom Kauf einer jungen Ziege: *„Um 12 Uhr bin ich zum Bramberger um das Kitzerl. Als ich hinkam spielten die Kinder noch mit ihm, es war so köstlich zum Anschaun. Als sie dann erfuhren, dass es sterben muss, gab es viel Trauer. Mir hat selbst das Herz ein wenig weh getan. Es war ein liebes Tier und schon ziemlich groß. Der Preiß (*Original Handschrift, J.S.*) wird Dich interessieren: ich bot zuerst 60 Schilling. Da ich aber an der Miene der Frau sah, daß sie sich mehr gehofft hatte, zahlte ich 70*[286] *und den Pullover dazu sind 80. Jetzt hatte sie eine große Freude, gab mir eine Jause, ließ sich Knoblauch und Zwiebel nicht mehr zahlen und gab mir außerdem noch ein halbes Kilo Zwiebel mit. Der Bruder vom Fredi zog gleich das Fell ab, welches ich, da fast keine Haare darauf waren, dort ließ."*[287]

Selbst für Beschäftigte einer großen Fabrik mit fixem Lohn ist die Pfuscharbeit zusätzlich notwendig. Dabei ist auch die Arbeitssituation in den Steyr-Werken herausfordernd und anstrengend. Josef schildert: *„Nicht wie sonst immer im Bett sondern aus der Fabrik schreibe ich Dir heute. Es ist jetzt 18 Uhr dreißig, aber ich kann noch lange nicht an das Heimgehen denken. Es wird vielleicht Mitternacht werden. Ein dringender Motor von der großen 140 Tonnen Karosseriepresse ist fertig zu machen, sonst steht die halbe Spenglerei."*[288] Zur Aufbesserung des Einkommens fährt er dann, auf Ersuchen eines Arbeitskollegen, nach Kleinraming, *„um einen Motor bei einem Bauern zu untersuchen. Und zwar ist es das große Haus an der Straße, bevor man zum Bramberger kommt, wo ich Dir einmal die tausendjährige Linde zeigte."*[289] Selbst widrigste Umstände halten ihn von solchen Ausfahrten nicht ab. *„Um ½ 12 fuhr ich, da sich das Wetter gebessert hatte, fort zum Bauern. Doch als ich am halben Wachtberg war, fing es neuerlich ganz dick zu schneien an. Ich kehrte aber nicht um, sondern fuhr weiter. Leider machte ich den weiten Weg – 26 km hin- und zurück – umsonst, weil schon ein Motorenfachmann aus der St. Petern-Gegend die Arbeit übernommen hatte. Noch dazu war der Bauer so neidig und hat mir nicht einmal ein Tröpferl Most, geschweige denn eine Jause angeboten. Darum trat*

---

286 Siehe den Eintrag „Kitzl 70" in der abgebildeten „Aufstellung der Hochzeitskassa".
287 19480404 J
288 19471204 J
289 19470919 J

ich gleich wieder den Rückweg an. Ausgesehen hab' ich, als ich zu Hause ankam, wie ein, na ja, wie soll ich sagen, wie ein Kanalräumer. Von oben bis unten bespritzt und „waschlnass."[290] Bei einem anderen Anlass bekommt er beim Bauern – nach getaner elektrotechnischer Unterstützung – „*zwei Stück gebackenes Kaninchen. Obendrein noch ein Stück guten Speck, den nehme ich am Freitag mit nach Weyer. Alleine esse ich so etwas Gutes nicht. Nur mit Dir. Du tust ihn recht fein schneiden, dann werden wir zusammen ein gutes Jauserl haben."*[291]

Aus der Aufstellung ihrer Hochzeitskassa ist der hohe Stellenwert einfacher Grundnahrungsmittel ersichtlich. Mehrere Kilo Zucker sind gleichwertig neben anderen Ausgaben, beispielsweise für das Standesamt und das erwähnte Kitzerl, angeführt.

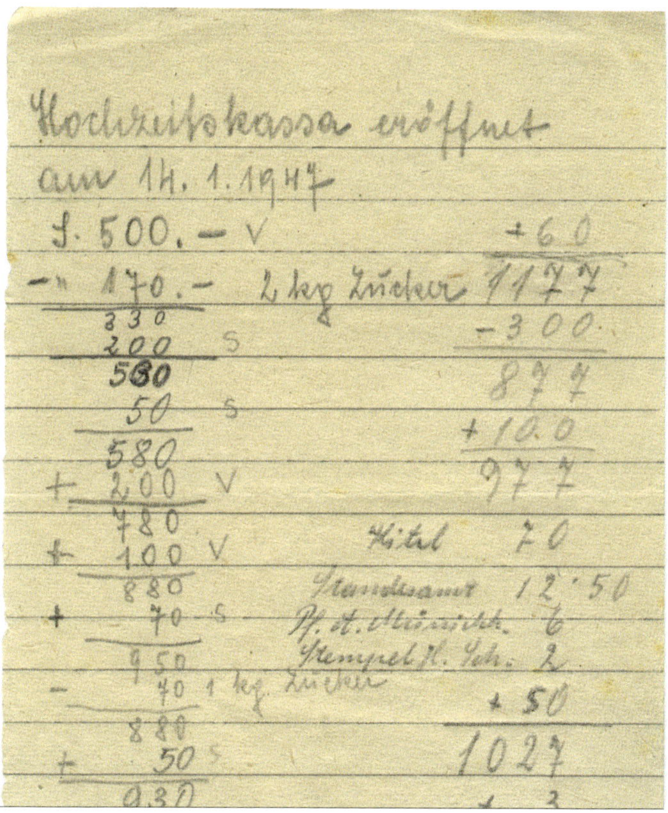
Hochzeitskassa eröffnet
am 14. 1. 1947
S. 500.– V +60
–" 170.– 2 kg Zucker 1177
330 –300
200 S
530 877
50 S +100
580 977
+ 200 V
780
+ 100 V Kitzl 70
880 Standesamt 12'50
+ 70 S
950
– 70 1 kg Zucker +50
880 1027
+ 50 S
930

Auszug aus der Aufstellung der Hochzeitskassa von 1947 und 1948.

290 19471130 J
291 19470919 J

Vilma und Josef erlauben uns in ihren Briefen einen authentischen Blick auf die Speisezettel im Spätherbst 1947, im Sommer 1948 bzw. im Frühjahr 1950. Die nicht gerade rosige Situation wird, wie auch in anderen Lebenslagen, mit viel Humor begleitet. *„Dem Herrn ‚Regnikcots Fesoj' kracht schon der Magen, darum ist es höchste Zeit, dass ich mein Frühstück bekomme. Ich muss jetzt einmal zu schreien anfangen wie ein Baby – Koa Koa – sonst muss ich heute am frühen Morgen schon ölendig verhungern."*[292]

Die Speisen sind aus einfachsten Zutaten zubereitet, manchmal in abgewandelten Varianten wieder neu serviert. Fleisch ist in vielen Haushalten eine Seltenheit, Josef erhält es manchmal als Gegenleistung für das Pfuschen: *„20 Zigaretten und ein großes Stück Selchfleisch ungefähr ein Kilo. Zu Weihnachten schickt er mir ein Stück frisches Schweinernes."*[293]

„Als ich dann heimkam aß ich ein großes Stück Brot"[294], *„nur ist das Brot nicht so fett wie gestern, denn die Butter marschierte nur im Geiste mit."*[295] *„Die Mutter hat übrigens (...) erfahren, dass dieses Brot zu nichts taugt, (...) dass es bei der Hitze unter einigen Stunden schlecht wird."*[296] Und bei Fleischkonserven ist Vilma *„schon in Sorge gewesen wegen der Dir mitgegebenen Dosenwurst; hier ist so Vielen schlecht darauf geworden."*[297] Dies deutet auf eine nicht immer einwandfreie Qualität hin.

Gehobene kulinarische Genüsse sind 1948 in Wien Paradeissoße und Reis[298] sowie gedünstetes Kraut und *„Apfelstrudel von der Mama."*[299] Als Abwechslung gibt es *„Grießschmarrn und Kompott von getrockneten Marillen."*[300] Zusammengefasst sind es meist ganz einfache Speisen, Nudel- oder Kartoffelgerichte, *„jedenfalls wenig Fleisch und Wurst."*[301] Obwohl sie *„den Geruch von der Wurst schon nicht mehr leiden"*[302] kann, gibt's *„Karfiolsuppe und so eine Wurst wie damals und Knödeln"*[303], schildert die Mutter ihrem Schwiegersohn in Steyr.

292 19471115 J
293 19471017 J
294 19471130 J
295 19470804 J
296 19470818 J
297 19470820 V
298 19480824 V
299 19480826 V
300 19500112 V
301 Jäckel, Erika (Riki): Wien I – Judenplatz 5. A.a.O., 6.
302 19470929 V
303 19470704 Marie Majetič.

Vom Einkaufsbummel durch die Wiener Innenstadt schildert Vilma im August 1948: *„Vormittag war ich in Mariahilf und schaute mir die Auslagen an. Es ist wirklich alles feenhaft, wenn man das nötige Kleingeld hätte. Gansln gebraten und ungebraten. 10 dkg gebraten 9 Schilling, 1 Kilo roh 43 Schilling."*[304]

Im Jänner 1950 wird Josef von Vilma, die sich kurzfristig bei ihrer Mutter in Wien aufhält, nach seiner täglichen Versorgung gefragt und antwortet: *„Am Montag hatte ich Sauerkraut und Erdäpfelschmarrn. Dienstag: Maggisuppe eingeschnittelt, da läuft Dir vor Gusto das Wasser im Mund zusammen. Gelt? Erdäpfel mit Butter und als Nachspeise Lockerle* (Nockerl, J.S.) *mit Äpfeln. Mittwoch: Schnittelsuppe mit Maggi, Erdäpfelschmarrn mit Sauerkraut, als Nachspeise Ceks und Würfelzucker. Morgen und Freitag gibt es, wenn sie mir gelingen, Grießknödel mit Sauerkraut und am Samstag höchstwahrscheinlich abgeschmalzene Nudeln mit Kartoffelsalat."*[305] Und er bekennt stolz: *„Jedesmal sind die Grießknödel 1a. Klasse geworden. Wirklich wahr"*[306] und *„das Sauerkraut ist schon weggeputzt bis aufs letzte Faserl. Morgen ess ich Grießknödel und Erdäpfelsalat mit recht viel Zwiebel („geh weg, Du „zwievelst")."*[307] Etwas Luxus stellen *„gebratene Blunzen, dazu Erdäpfel und Sauerkraut"*[308] sowie Leber, *„vormittags geröstet und abends dann gebacken"*[309], dar.

Selbst während des Bastelns und Handwerkens sind die Gedanken ans Essen immer vorhanden. *„Der Zahnstocherbehälter ist auch schon fertig, genauso lackiert wie der Salz- und Pfefferstreuer und besitzt als Verzierung zwei rote Rillen. Nur die eingebrannten Edelweiss – eingebrannte Edelweiss, wie das klingt, wie wenn es eine Zuspeise wäre – fehlen noch."*[310]

Vilma schickt abschließend *„für heute viele, gute Krautfleckerl-Bussi."*[311]

---

304 19500313 V. Das entspricht etwa heutigen 7,60 Euro bzw. 36,30 Euro. Historischer Währungsrechner. A.a.O.
305 19500110 J
306 19500114 J
307 19500114 J
308 19500121 J
309 19500313 V
310 19471001 J
311 19471117 J

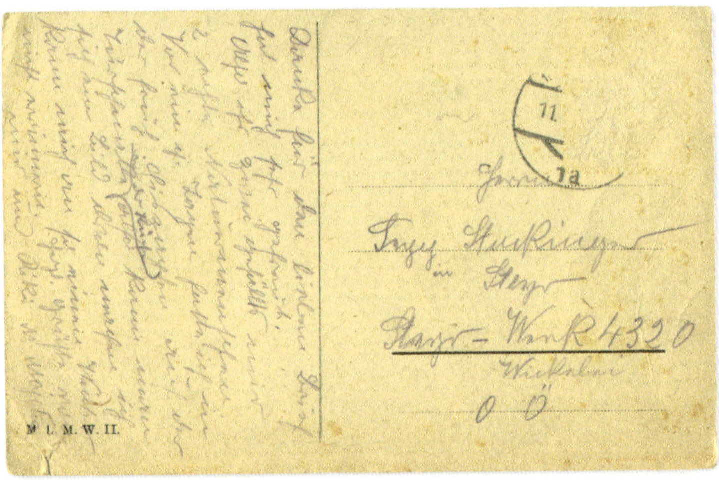

Szene im Wiener Prater. Ansichtskarte von Marie Majetič an *„Herrn Sepp Stockinger in Steyr, Steyr-Werk 4320. Wicklerei. O.Ö."* Aus einem Nachkriegswinter, Datum nicht erkennbar. Kartentext: *„Ihr zwei gfallts mir. Vor ein paar Tagen hatte ich Eiszapfen an der Türschnalle. Also kann man sich ein Bild von der Kälte machen (…)."*

„Sonntag nachmittags sind wir zu Fuß zu Mitzi gegangen. Dort waren wieder ein paar Schleichhändler zu Gast, die gerade von einer Hamsterfahrt heimkamen. Der eine hat einen Karton mit 170 Eier ausgepackt und hat sich aus 10 gleich eine Eierspeis gemacht. Uns ist das Wasser im Mund zusammengeronnen. Mir hat Mama und besonders Riki am meisten leidgetan. Dafür hat Mary (ein Hund, J.S.) tüchtig mitgeschmaust."[312]

312 19480407 V

„Das Wasser ist so hell und klar,
sein Alter ist so viel tausend Jahr.
Man kannt es schon im Paradies,
beim Durste schmeckt es wundersüß.

Kennst Du es nimmer, dieses Schullied vom Wasser? Ich muss schnell einmal rausgehen um mich, da keine andere Möglichkeit besteht, unter die Wasserleitung zu hängen. Momenterl ich komme gleich wieder … Haha, gut wars! Das Wasser ist schon gut, wenn man Durst hat. Der es erfunden hat, war ein sehr gescheiter Mensch."[313]

Bier wird in den Briefen kaum erwähnt, das Sammeln und Vergären von Obst ist allerdings beliebt. *„Lediglich einen kleinen Abstecher über die Ennsleite, ‚Klein aber mein', Stegmühle konnte ich machen und dabei etliche Kilogramm Birnen und etwas Fallobst unentgeltlich ergattern."*[314] *„Aus den angefallenen Birnen habe ich 2 Liter Most gemacht – es war eine Heidenarbeit – aber ich möchte mir trotzdem, wenn ich halbwegs Zeit habe, alle unsere Flaschen anfüllen. Im Winter ist es schon gut, wenn man davon etwas daheim hat."*[315] Vilma kommentiert: *„Wenn Du ein Mosterl in Dir hast bist' so herzig. Ich soll es gar nicht schreiben, weil sonst wirst Du mir noch eingebildet."*[316]

Auch andere alkoholische Getränke sind in Arbeiterhaushalten Mangelware. Wein beispielsweise ist absoluter Luxus und nur für besondere Anlässe bestimmt: *„Am letzten Tag vor der Fahrt nach Weyer da bin ich immer guter Laune, besonders dieses Mal freue ich mich ganz besonders auf das Wiedersehen, weil noch dazu Dein Namenstag ist. Nur schade, dass wir ihn nicht gemütlich bei einem Glas Wein mitsammen feiern können. Wenn Du daheim wärst, hätten wir bestimmt ein kleines Rauscherl."*[317] Und wird innerfamiliär als Tauschmittel benützt: *„Gestern erhielten wir im Betrieb einen halben Liter Wein. Ich gab ihn unserem Vater für das Helfen beim Hobeln der Bretter."*[318]

---

313 19471124 J
314 19480829 J
315 Ebenda.
316 19500522 V
317 19471024 J
318 19470924 J

„Gestern habe ich Anni überrumpelt und ihr endlich einmal Kartoffeln und Eier bezahlt. Auch beglich ich gleich die Schuld für den halben Liter Schnaps, den wir vorige Woche im Werk erhielten. Somit haben wir zusammen schon einen Liter Schnaps für Weihnachten. Daraus wirst Du wieder einen guten süffigen Eiercognac brauen, einen der, je mehr man trinkt, immer besser wird."[319]

Beliebte Tauschartikel – nicht nur im Schleichhandel – sind weiterhin Zigaretten, besonders unter ehemaligen Soldaten mit suchtbehaftetem Rauchen, ein vermeintliches Beruhigungsmittel angesichts psychischer Belastungen und Verdrängung des Hungers. Sie tauschen dafür Brot oder andere Lebensmittel ein. *„Für meinen Schwager möchte ich diese Woche ein paar Zigaretten stopfen zum Mitnehmen. Natürlich von Deinem Tabak, er ist nämlich ein leidenschaftlicher Raucher. Dafür löse ich von Deiner Sonder-Raucherkarte die Einser-Sorte ein und geb' diese in Deinen Kasten."*[320]

In der Kriegsgeneration gibt es auch ernährungsbedingte Mangelerscheinungen: *„Deinen guten Rat befolgend bin ich Vormittag beim Onkel Doktor gewesen. (...) Er hat Vitaminmangel festgestellt und mir Cebeon-Injektionen verordnet. Hoffentlich hilft mir die Behandlung. Vorläufig merke ich noch nichts davon. Ich mein, der Vitaminmangel datiert noch vom Militär her, durch die eintönige Kost in Lappland und Nordnorwegen."*[321] Und auch die Versorgung mit ausreichend Fett stellt offenbar ein Problem dar. *„Vielleicht haben wir Glück",* schreibt Josef, *„mit dem Portier habe ich heute gesprochen wegen dem Gänsefett. Im Verlauf dieser Woche wird er es erfahren ob etwas zu haben ist oder nicht."*[322]

Vieles wird selbst hergestellt, aus Waldfrüchten wie Pilzen, Brombeeren oder Holunder. Mit den wenigen vorhandenen einfachen Grundnahrungsmitteln, beispielsweise Mehl, wird der (obligate) Germteig fabriziert. Und auch über eine völlig in Vergessenheit geratene Methode des Konservierens wird diskutiert. *„So und jetzt einige Wünsche, die Du mir beim übernächsten Kommen bitte erfüllst: Mein weißes Kaffeehäferl mit den blauen*

319 19470924 J
320 19470706 J
321 19471125 J
322 19470804 J

Rändern. Und dann bitte: vielleicht hat Mutter ein kleines Gurkenglas übrig, in dem Du nach Erklärung Deiner Mutter meine Kranken-Eier einlegen wirst können? Garantol[323] *wirst Du in der Drogerie kriegen. Es wäre gut, wenn wir im Winter Eier hätten. Sind immerhin 16 Stück."*[324] Und Josef antwortet, für uns heute kaum vorstellbar: *„Weißt Du, mit was es mich hunzt? Ein passendes Gurkenglas kann ich nicht auftreiben. Mutter hat keines. Nur ein ganz Großes, das braucht sie aber selber. Sie hat mir eine verzinkte Blechdose gegeben und glaubt, man kann darin die Eier einlegen. Aber ich traue der Sache nicht. Denn laut Gebrauchsanweisung soll das Gefäß aus Glas oder Steingut sein. Könnte ich nicht meinen Bergsteigerhut nehmen, was meinst Du? Wär' doch schade darum. Ich höre Dich sagen, ja sehr toll. Es wäre schad, aber um die Eier. Ich glaube aber um den Hut ist schade. Der ist viel wert. Wenn ich den im Schleich verkaufen täte, würdest Du schauen, was ich da bekomme dafür. – Lach nicht so Du Spitzbua."*[325]

Bedingt durch die extreme Notlage ist das Verschicken von Lebensmitteln und anderer Güter des täglichen Bedarfs – beispielsweise von Wien nach Steyr – nichts Außergewöhnliches. *„Ich war heute Abend fragen beim Transport wegen der Kiste, doch sie ist noch nicht angekommen. Sicherlich wird es noch einige Tage dauern. (...) Das Brot wird halt ziemlich hart werden. Schade darum. Doch in irgendeiner Form wird es Mutter doch verwenden können."*[326] Und zu Inhalt und Stellenwert einer anderen Lieferung aus Wien schildert Josef *„(...) natürlich nur in groben Umrissen, denn es ist so eine Menge, dass ich gar nicht auswendig weiß. Es war wirklich sehr viel in der Kiste und in der dazugepackten Schachtel. Da muss sich Mama viel Mühe und Zeit genommen haben, um das alles unterzubringen, ein ganzer Stoß Teller war drinnen. Schöne Wein- und Sektgläser, eine Fettdose und ein Kartoffelquetscher – Deine große Sehnsucht. Ein großes Stück Toilettenseife, Stricknadeln, Zahnpasta, Zahnbürste, zwei große Brotwecken waren noch sehr gut. Habe mir davon heute Nachmittag auch ein großes Stück zur Jause mitgenommen."*[327]

---

323 Ist der Markenname für „Wasserglas" (Siliciumoxid), eine farblose Flüssigkeit, die in Wasser angerührt eindickt und geliert. Das Einlegen der Eier darin bewirkt, dass durch die gelierte Kieselsäure sich die Poren der Schalen zersetzen und dadurch die Eier haltbar werden.

324 19470811 V

325 19470822 J

326 19471001 J

327 19471008 J

Bereits in den späten 1920er-Jahren ist versucht worden, mittels öffentlicher Ausspeisungen gegen den damals rasch sich ausbreitenden Hunger anzukämpfen. Im Steyrer Schlosspark gibt es eine eigene städtische Kinder- und Lehrlingsausspeisung. Nach dem Zweiten Weltkrieg übernehmen Werkskantinen teilweise wieder diese Rolle bzw. sind sie eine wichtige Stütze bei der Lebensmittelversorgung der arbeitenden Menschen. Und das nicht nur zu Mittag: *„Der Zug hatte etwas Verspätung und dadurch kam ich nicht mehr dazu, in der Werksküche ein Frühstück zu nehmen. (...) Einem gewesenen Krieger kann ja eine Lappalie, wenn es einmal ohne etwas Warmes zur Arbeit geht, nichts genieren. Dafür habe ich dann im Laufe des Vormittags den restlichen halben Laib Brot mit Stumpf und Stengel aufgegessen."*[328]

Während des Rehabilitationsaufenthaltes von Vilma in Weyer ist die Versorgung naturgemäß umfangreicher. *„Um 7:30 Uhr Frühstück, zwei Schalen voll Milchkaffee, ein trockenes und ein Butterbrot"*[329], manchmal ein Schmalzbrot. Der Speiseplan variiert: beispielsweise Fleischnockerl und Gurkensalat, grüne Fisolen mit Kohlrabi eingebrannt und Heurige, ein Stück Brot und einen Teller Gemüse, einen guten Scheiterhaufen mit einer Schale Milch oder zwei gefüllte Paprika mit Paradeissoße. Einmal sind als Nachspeise *„zwei Stück fetter Topfenstrudel"* erwähnt.[330] Und eine aus heutiger Sicht vielleicht etwas überraschende Feststellung: *„Gestern Abend gab es Suppe, drei Stück Brot, etwas Butter und Wurst und außerdem eine Milchspeise. Mir war schlecht vor lauter Essen."*[331]

Als eine Traumvorstellung gilt das Essengehen in ein Gasthaus, als Befreiung von Küchenarbeit insbesondere in der Zeit von Vilmas Rekonvaleszenz: *„(...) am Sonntag werden wir im Gasthaus Mittagessen, damit wir gemeinsam einen schönen freien Tag haben. Ich glaube, wenn ich Dir auch sonst noch manche Arbeit abnehme, dann wirst Du Dich bestimmt nicht überanstrengen (...) Denke aber bitte nicht, ich rede nur jetzt so und nachher ist es ganz anders nein. Ein Mann, ein Wort."*[332]

---

328 19470916 J
329 19470722 V
330 19470722 V
331 19470628 V
332 19470916 J

In der Tradition der Schrebergartenbewegung werden auch nach dem Krieg – vor allem in Städten wie Wien oder Steyr – Grünflächen und Vorgärten mit Gemüse oder Obst bepflanzt und sorgfältig gehegt: *„Gestern Samstag hab' ich gearbeitet und dann das Vorhaus gemacht, Garten gespritzt u.s.w. Von unseren Ribiseln haben die Kinder, ein kleines Mäderl – der Gschamsterer von der Berenuti hat mir's gesagt – die grünen, unreifen Beeren abgerissen. Jetzt ist nicht mehr viel dran."*[333] Josef ärgert das bekannte Gärtnerschicksal. *„Gestern habe ich im Garten gearbeitet. So viel Unkraut ist schon wieder gewesen. Ein ganzer Berg. Die Paradeiser habe ich frisch angebunden und ausgeschnitten. Die ersten zwei Reifen schnitt ich ab und gab sie in den Keller. Den Mohn erwischte ich auch gerade noch im letzten Moment bevor die Vögel alles auspecken. Es werden kaum einmal Mohnnudeln davon werden."*[334]

---

333 19500521 J
334 19480829 J

Josef Stockinger
(1907–1971).

Vilma Majetič
(1921–2010).
Ca. 1947/48.

„Nun bist du meine kleine Frau geworden". Die Hochzeit und ein Charakterogramm[335] des Vaters

„Ich bin auf Dich seit jüngster Zeit sehr eifersüchtig. Und das ganz mit Recht. Mich lässt Du nicht einmal in Dein Zimmer (während des Reha-Aufenthaltes, J. S.) *hinein, geschweige denn zu Dir ins Bett legen: Du schlimme, Du. Nur immer den „Joseph"*[336] *nimmst Du. Doch warte nur, beim nächsten Kommen machen wir es umgekehrt: der „Joseph" muss zum (Hotel) Post oder besser noch nach Kastenreith, wo ihn im Stroh die Wanzen recht beißen und ich bleibe bei Dir. Doch das sage ich Dir gleich: so ein stiller, ergebener Dulder wie der „Joseph" bin ich nicht. Denn dann geht es erst richtig los, bis Du sagst: Bitte hör auf, mir ist schon so fürchterlich warm. Auch die Füße sind schon so heiß, dass ich nie mehr den „Joseph", mit dem Du eiferst, brauche."*[337]

---

335 Eine für mich stimmige Wortkreation. Im Sinne einer Charaktereinschätzung von Josef (1907–1971).

336 Von Josef selbst gebauter Thermophor: „(...) *eine viereckige Blechdose ungefähr 30 mal 15 cm, innen sind zwei 40 Watt Glühbirnen. Als Umhüllung ein grobes Leinensackerl von mir und ein altes weißes Tuch von Dir."* 19470907 J

337 19471021 J

Dieses Buchkapitel ist mit fachlicher Unterstützung durch Frau Dr. Petra Friedl-Wörgetter vom Zentrum für seelische Gesundheit des BBRZ[338] und Herrn Andreas Wörgetter von der Praxisgemeinschaft OVILAVA[339] entstanden. Sie bringen ihre diesbezüglichen entwicklungspsychologischen und psychotherapeutischen Expertisen und reflexiv-kritischen Denkansätze ein.

Es gründet sich, neben den Aussagen und Hinweisen im Gesamtkontext des Briefwechsels, insbesondere auf die Briefzitate zu Verlobung und Hochzeit als die „klassischen" Ereignisse nach dem Zusammenfinden zweier sich liebender und verstehender Menschen. Die diesbezüglichen Absprachen, Diskussionen und persönlichen Vereinbarungen sowie die Realisierung solch einschneidender Lebensereignisse geben unmittelbare Hinweise auf die Charaktereigenschaften eines Menschen.

Es ist für mich eine retrospektive Möglichkeit[340], den Vater – der in meiner Kindheit viel zu früh verstorben ist – besser kennenzulernen. In meiner kindlichen Erlebniswelt beispielsweise als wohlmeinend, wertschätzend und ehrlich wahrgenommen, überrascht es jetzt, den viel umfassenderen Charakter und die Persönlichkeit dieses Menschen anhand seiner brieflichen Selbstaussagen zu erleben. Bei diesem Versuch eines aktuellen Erkenntnisgewinns aus historischen Briefen der späten 1940er-Jahre sind selbstredend die gesellschaftlichen Werthaltungen, Normen und Glaubenssätze der unmittelbaren Nachkriegszeit zu bedenken. Und auch die jeweiligen Erlebniswelten der Eltern sind dabei zu berücksichtigen.

Die Persönlichkeit eines Menschen äußert und zeigt sich im Charakter in Verbindung mit seinem Temperament. Während das Temperament angeboren und schwer zu beeinflussen ist, bilden sich Charaktereigenschaften durch die Sozialisation in bestimmten gesellschaftlichen Milieus heraus. Bei Josef sind das beispielsweise die intakte Familie und die bereits beschriebene starke Mutterbindung.

338 BBRZ = Berufliches Bildungs- und Rehabilitationszentrum Linz. bbrz-med.at/BBRZ MED.
339 PGO = Praxisgemeinschaft für Psychotherapie OVILAVA, Grieskirchen, www.pg-ovilava.at.
340 Es sind sicher weitere Interpretationswege aus anderen Blickwinkeln vorstellbar.

Der für das Charakterogramm, einer Charaktereinschätzung von Josef (1907–1971), gewählte theoretische Rahmen orientiert sich an den fünf Merkmalsbündeln und diesen zugeordneten Eigenschaften nach Hans Mathias Kepplinger[341], und zwar der:

- Offenheit
- emotionalen Stabilität
- Extraversion
- Gewissenhaftigkeit und
- Verträglichkeit.

Die Darstellung der jeweiligen Merkmalsbündel und der diesen zugeordneten Eigenschaften/Attribute gliedert sich in die drei Abschnitte:

- **Überblick** zu den von Kepplinger dazu definierten „ausgeprägten" oder „wenig ausgeprägten" Eigenschaften. Die von uns dazu noch ergänzten Eigenschaften sind im Text *kursiv* geschrieben.

- **Zusammenfassende Charaktereinschätzung** in Bezug auf dieses Merkmalsbündel

- **Exemplarische Briefzitate** mit entsprechender Zuordnung der Attribute bzw. Eigenschaften.

341 Kepplinger, Hans Mathias: Nonverbale Medienkommunikation. Wiesbaden 2010. 111.

Josef zieht im Mai 1947 eine erste Zwischenbilanz ihrer rund einjährigen bisherigen Beziehung. *„Du bist nur die Vilma gewesen. Ich hatte Dich zwar auch damals schon lieb, aber noch war die Liebe nicht so groß wie jetzt. Wenn ich so zurückdenke, was habe ich oft um Dich für bange, manchmal bittere Stunden mitgemacht, die mir öfter sogar den Schlaf missgönnten. Manchmal glaubte ich in Deinen Augen etwas von Liebe zu bemerken und musste mir nachher gestehen, dass ich mich getäuscht hatte und zur Sorge wegen Deiner Gesundheit gesellte sich immer auch die bange Frage: wird die Vilma, wenn sie einmal genesen ist, mich verlassen oder darfst Du sie einmal als Deine kleine Frau heimführen. Es war ein langer, für mich oft sehr bitterer Weg bis zu dem Tag, wo ich aus dem Spital einen Brief von Dir bekam mit der Erklärung: mein Herz gesteht mir, dass es Dich gern hat. Es war ein Freudentag für mich. Ohne Dich bin und kann ich nichts, aber wenn ich weiß, dass Du mir gut bist, gelingt mir alles. Ich habe mit meinem Schicksal schon öfter gehadert und mir Vorwürfe gemacht, dass ich noch unverheiratet bin."*[342]

Vilmas Antwort fügt sich ergänzend und harmonisch ein: *„Du bist ja ein so wertvoller Mensch und ich wünsche mir nichts aufrichtiger, als dass ich Dir immer gut sein kann und Dich so tragen kann wie jetzt. Ich will und kann zusammen mit Dir Berge versetzen. Und das ist schon viel für zwei Menschen, gelt."*[343]

Zur Festigung und Vertiefung der Beziehung nutzt Josef auch seinen Altersunterschied und schlüpft in die Rolle eines umsichtigen Beschützers. *„Froh werde ich schon sein, wenn ich Dich endlich einmal aus dem Kurhaus heraußen und bei mir habe. Dann wirst Du erst richtig gesund werden. Jetzt bist Du immer der Gefahr ausgesetzt, von anderen Leuten eine Krankheit zu erwischen"*[344], und *„darfst Du bitte keine nassen Strümpfe anbehalten, das ist das größte Gift für Dich. Da werde ich künftig sehr energisch sein."*[345]

342 19470526 J
343 19470704 V
344 19471205 J
345 19470327 J

OFFENHEIT

- **Ausgeprägte Eigenschaften:** Vielseitig, neugierig, philosophisch, kreativ, eher unkonventionell, reflektiv, fantasievoll, *treu, besorgt, eifersüchtig, mutig.*
- **Wenig ausgeprägte Eigenschaften:** Traditionell, bewahrend, wenig offen für Neues, engstirnig, konservativ, eher konventionell.

Zusammenfassende Charaktereinschätzung

Neben seiner Offenheit und Großzügigkeit zeigen sich ergänzend Wege in eine spirituell-philosophische Gedankenwelt. Auch Eifersucht kommt ins Spiel. Josefs ausgeprägte und wenig ausgeprägte Eigenschaften stellen sich im Modell von Kepplinger ausbalanciert dar. Demzufolge lässt sich die Hypothese bilden, dass es ihm, für sich zufriedenstellend, gelingt, ohne Irritationen seinem Lebensplan zu folgen und diesen erfolgreich umzusetzen.

Josef hat – im Gegensatz zum Modell von Kepplinger – ein sehr konservatives Rollenbild: Der Mann ist Haushaltsvorstand, der Frau sollen der Haushalt und die Kindererziehung vorbehalten sein. Er sieht sich in seinem patriarchalischen Rollenverständnis und vor seinem katholisch geprägten Hintergrund als fürsorgender „Josef der Nährvater". *„Eigentlich ist es ohnehin ganz unnatürlich, wenn die Frau noch einem Beruf nachgeht. Wenn eine Frau verheiratet ist, hat sie ja damit ohnehin den schönsten und höchsten von Gott in seiner Vorsehung gewollten Beruf inne: dem Mann liebende Gefährtin und Stütze auf seinem schweren Lebensweg zu sein. Alles andere ist ja letzten Endes doch nur ein Notbehelf. Ich für meinen Teil würde mich glücklich schätzen, wenn Du nach unserer Verehelichung (…) nur mehr für unser kleines Königreich leben und meine kleine Königin sein würdest. (…) Ich kenne Deine Einwände! Du wirst mir sagen, schau mein Lieber, ich will ja auch etwas zum Nestbau beitragen. Das kannst Du ohne weiters tun, wenn Du mir ein gemütliches Heim bereitest und mich recht liebhast. Und außerdem hast Du ja schon so viel beigetragen. Du hast Dich mir anvertraut, hast Dein Geschick in meine starken Männerhände gelegt und ich werde* *mich dieses Vertrauens würdig erweisen. Du sollst nicht enttäuscht werden."*[346] Und er erläutert weiter: *„Was bei Millionen anderer Ehen, wo auch nur ein Verdienst ist, geht, würde bei uns auch möglich sein. Ich bin kein Trinker oder Spieler und Du verstehst es auch zu haushalten, das freut mich immer von Dir."*[347] Er sieht seine Frau als *„liebes Hausmütterchen"*[348], schränkt allerdings ein: *„Du tust kochen und arbeiten und ich soll mich auf die faule Haut legen? Mein Liebes, das geht doch nicht so ohne weiteres. Ich werde Dir doch nicht zusehen, wie Du Dich eventuell abplagst. Ich werde Dir schon etwas helfen. Mußt mir halt solch eine Arbeit überlassen, die meiner „Manneswürde" keinen Abbruch tut. (...)."*[349] Und Vilma gibt darauf zu verstehen: *„Also helfen willst Du mir, wenn Du abends von der Arbeit heimkommst. Aber nur sowas, was Deine Mannesehre nicht verletzt. Na, was soll ich Dir denn da für eine Arbeit geben? Vielleicht Strümpfe stopfen oder Geschirr abwaschen oder Kartoffelschälen, nicht? Einverstanden? Aber auf jeden Fall musst Du bei den beiden letzteren Arbeiten ein Schürzerl umbinden."*[350]

Altbewährtes, konservatives Verhalten stellt einen sicheren Rückzugsort dar und gibt Sicherheit und weitere Handlungsspielräume.

346 19470922 J
347 19470922 J
348 19471118 J
349 19470922 J
350 19470811 V

Beispiele aus den Briefen

(Ermutigung zu) Offenheit, Mut[351]	*„Bitte schenke Deinem Vorgesetzten und womöglich auch dem Betriebsrat, gleich wenn Du Dich zurückmeldest, reinen Wein ein."*[352]
Offen und geradlinig.	*„Sondern das Beste ist, wir lassen, landläufig gesagt, das Radl rennen, wie es eben rennt. Und versuchen wir nicht eine künstliche Wand aus Sorgen zwischen uns aufzubauen."*[353]
Treue. **Er will gelobt werden.**	*„Ich sitze hier im* (Bereitschaftsdienst im Feuerwehr-)*Depot bei einem kleinen Tischerl. Das Tor ist offen und die Sonne brennt aufs Pflaster. Hier herinnen ist es ganz angenehm kühl. Kurzweilig ist es auch. Fortwährend gehen Leute vorüber. Aber ich schau mir nur die Männer an, wenn ein Pupperl kommt mach ich die Augen zu. Ich bin schon brav, gelt?"*[354]
Eifersucht. **Besorgtheit und fragliche, ungewisse Angst.**	*„Wenn sich aber doch einmal der Versucher, ganz unbemerkt, in einer Art und Weise, dass man es anfangs gar nicht bemerkt, an Dich heranwagen sollte (...). Dann bitte ich Dich, weise ihn lieber früher als zu spät zurück. Denk dran, dass ich Dich als meine süße kleine Frau heimführen will."*[355]

351 Die eigenen Ratschläge ermöglichen auch Rückschlüsse auf seine potenzielle Vorgangsweise in solchen Situationen.
352 19470909 J
353 19470423 J
354 19500514 J
355 19470728 J

Im Zusammenhang mit ihrem Rehabilitationsaufenthalt aufgrund der Tuberkuloseerkrankung und potenziellen „Kurschatten" schreibt sie, bezogen auf ihre Beziehung, an Josef: *„Warum bist Du nicht auch bei mir. Ich komme mir hier so komisch vor. Dieses Heim ist das reinste Büro für Eheanbahnung. Lauter hier zusammengeführte Pärchen. Nein nein, ich bleibe Dir schon treu, brauchst nicht wieder Dein Kinn hängen lassen."*[356] Sie versteht es umgekehrt auch, ihren „Weaner Schmäh" ins Spiel zu bringen: *„Alsdan, sei immer brav und lieb zu mir. Und solltest Du amal aus dem rechten Gleis kommen, Deine Vilma führt Dich ganz unauffällig wieder heim in die Remise."*[357]

Vilma kann vor dem Hintergrund ihrer bisherigen Männerkontakte und Beziehungserfahrungen mit Eifersuchtsgedanken durchaus spielen: *„Außerdem flatterte heute ganz unverhofft ein Brieferl von einem gewissen Mann zu mir heim, dass ich ganz glücklich bin. Ja, so was gibt's auch! Noch dazu von einem feschen lieben Mann, für den ich sehr viel übrig hab. Das Brieferl war so lieb gehalten, dass ich ganz aus dem Häuschen geriet und mir beim Lesen ganz heiß wurde. Weißt, es war nämlich von – meinem lieben guten Buam! So, jetzt ist bestimmt Dir auch heiß geworden, gelt? Von wem hast Du denn geglaubt, dass das Brieferl ist?"*[358]

---

356 19470722 V
357 19470722 V
358 19480826 V

EMOTIONALE STABILITÄT

- **Ausgeprägte Eigenschaften:** Entspannt, zufrieden, ausgeglichen, selbstsicher, ungezwungen, stressresistent, *empathisch, geduldig, selbstreflexiv, ausgleichend.*
- **Wenig ausgeprägte Eigenschaften:** Gestresst, ängstlich, sorgenvoll, angespannt, unsicher, verlegen, pessimistisch, traurig, *nervöse Erregbarkeit.*

Zusammenfassende Charaktereinschätzung

Er ist selbstbewusst, charakterstark, steht zu seinen Handlungen und besitzt die Fähigkeit zur reflexiven Selbstbetrachtung. Zuversichtlich und hoffnungsvoll in seiner Gedankenwelt ist er zudem einfühlsam, umsichtig und achtsam.

Es zeigen sich auch Ängstlichkeit und Besorgtheit, er sucht Halt in den rasch sich verändernden Lebensumwelten. Neue und noch nicht auf Gültigkeit und Wirksamkeit hin überprüfte Modelle und Konzepte lassen gelegentlich Zweifel aufkommen.

Im Spannungsfeld zwischen Verzweiflung und Zuversicht würde eine erste Betrachtung an eine unsichere Persönlichkeit denken lassen, welche jedoch weitab von krankhaften Vorgängen zu sehen ist. Daraus ließen sich Unsicherheit im eigenen Zutrauen und Vertrauen auf Selbstwirksamkeit[359] und Selbstverständnis[360] ableiten. Er steht vor einer neuen Lebenssituation, für die es aus seiner bisherigen Lebensgeschichte keine erlebten Szenen zu geben scheint, die das Potenzial dafür hätten, als Modelle zu dienen. Das ihm zur Verfügung stehende Rollenverständnis und Rollenrepertoire scheinen ausreichend zu sein, um eigene, neue Strategien zu entwickeln, diese auf Sinnhaftigkeit und Wirksamkeit hin zu überprüfen und für sich zu adaptieren und anzuwenden. All dies ist von „Versuch und Irrtum" weit entfernt.

359 Selbstwirksamkeit bedeutet: Ich kann darauf vertrauen, eine von mir geplante Handlung erfolgreich durchführen zu können.

360 Das eigene Selbstverständnis gibt Auskunft über sich selbst. Wie schätze ich mich im Bezug zu meiner Umwelt ein? Wie nehme ich mich wahr? Und welche Interpretationen zu mir selbst sind zulässig?

Entlang von bisher erlebten Szenen werden in seinen Imaginationen[361] fiktive Aktionen und Reaktionen entwickelt. Er hat jedoch immer die vorherrschende Wirklichkeit vor Augen sowie den Erhalt der Fähigkeit, die erlebte Realität mit seiner Gedankenwelt in Einklang und Stimmigkeit zu bringen.

Eine ergänzende Information ist in Josefs Wehrpass festgehalten. Darin ist aus Anlass einer Überstellungs-Untersuchung am 13. Jänner 1944 vermerkt: „K.v." (= kriegsverwendungsfähig) sowie, entsprechend einem damals gültigen Klassifizierungssystem[362], die Abkürzungen „A49" (steht für Herzkrankheiten) sowie „A 15/1" (steht für gesteigerte nervöse Erregbarkeit). Die beiden angegebenen Erkrankungen bzw. Störungen lassen darauf schließen, dass Josef während des Kriegsverlaufs eine deutliche Einschränkung seiner physischen und psychischen Gesundheit erfahren haben könnte. Herzkrankheiten und gesteigerte nervöse Erregbarkeit können erworbene Störungen durch seinen Kriegseinsatz sein. Zumindest die gesteigerte nervöse Reizbarkeit deutet auf eine erworbene Kriegstraumatisierung hin. Im Vergleich dazu würde man heute wahrscheinlich entlang der Klassifizierung des ICD 10[363] eine posttraumatische Belastungsstörung (F 43.1) diagnostizieren. Diese Einschätzung würde auch Veränderungen in seinem Welt- und Menschenbild im Vergleich zur Zeit vor dem Zweiten Weltkrieg erklären, da er sich ja zudem auf der Reise in die 1950er-Jahre mit all ihren gesellschaftspolitischen Neuerungen und Umwälzungen befindet. Er dürfte hier doch eine deutliche Veränderung seiner bedeutsamen Lebenswelten erfahren und entlang veränderter Wahrnehmungen sich mit entsprechenden, bisher unbekannten Wirklichkeiten konfrontiert gesehen haben. Daher drängt sich ein Hinterfragen seiner Selbstwirksamkeit und seines Selbstverständnisses entlang oben beschriebener Hypothesen auf.

361 In seinem bildhaften und anschaulichen Sich-Vorstellen.
362 Auf Hinweis von Dr. Michael Stockinger erfolgt die Auflösung der Buchstaben- und Zahlencodes nach der „Fehlertabelle für die deutsche Wehrmacht" unter https://www.anhaltspunkte.de/vmg/e/fehlertabelle.htm. (13.4.2021).
363 International Statistical Classification of Diseases and Related Health Problems.

Beispiele aus den Briefen

Selbstsicherheit. Fürsorglichkeit. Aber auch unsicher und besorgt.	*„Ich werde jedenfalls nicht müde werden, auch wenn es noch so viele Hindernisse gibt, die stoße ich alle zur Seite. Du brauchst Dich nur an mir festhalten, dann geht alles. Bist Du einmal müde, dann trage ich Dich ein Stück, bis es wieder geht und das darfst Du mir nie sagen: Ich fühle mich nicht ganz gesund, ich gebe Dich frei."*[364]
Ausgleichend. Das Verhalten lässt auf eine Kränkung schließen, auf welche nur mit Rückzug und Zurückweisung reagiert werden kann.	*„Feindschaft will ich keine haben, aber in meinen Augen hat sich ein Mensch, der so etwas anzettelt, selbst sein Urteil gesprochen. Wenn ich wieder einmal nach Wien kommen sollte, werde ich ihn grüßen, aber Vertraulichkeiten, wie es sich unter Verwandten gehört, gibt es nimmer."*[365]
Empathie. Vertrauen und Zutrauen. Ängstlichkeit und Sorge. Manipulativ.	*„Ich kenne Deinen festen Willen, dass Du mich nicht mehr verlassen willst und weiß, dass Du es ganz ehrlich meinst. Aber andererseits kenne ich auch die Gefahren die Dich, wenn Du wieder im Büro bist, umlauern. Weniger von Deinen Arbeitskollegen und Kolleginnen als von diesem abgefeimten Herrn S.* (Nicht eruiert, offensichtlich der Vorgesetzte und Leiter der Bilanzabteilung, welche wieder nach Wien übersiedeln soll, J.S.) *Was kümmert sich der um unser Lebensglück. Er selber kennt so etwas nicht. Sein Ideal ist nur das Emporstreben auf Kosten seiner Untergebenen. Ich fürchte, dass er, sollte die Abteilung nach Wien kommen, versuchen wird Dich mit schönen Worten zu überreden. Bitte mein Liebstes geh ihm nicht auf den Leim. Er ist einer von jenen, die zuerst mit dem Zuckerbrot locken und dann die Peitsche gebrauchen. Ich möchte nicht erleben und könnte es nicht übers Herz bringen, wenn ich einmal sagen müsste: der hat Dich mit einer betäubenden Salbe eingeschmiert und mit dem ganzen Büro dann wegtransportiert."*[366]
Die Imagination einer Aktion ist der Realität des verinnerlichten Welt- und Menschenbildes gegenübergestellt.	*„Ich bin eh ein guter Kerl, aber wenn ich dran denke, dass meine liebe, brave Frau von jemand eine Ohrfeige bekommen sollte, da reißt mir schon auch der Geduldsfaden, und ich glaube bestimmt, dass da, obwohl ich als Christ keine Feindschaft will, ein Unglück geschehen würde."*[367]
Selbstreflexiv.	*„Schuhe und Zeitungen holen muss ich auch und auch Holzmachen sollte ich."* Er sagt zu sich selbst: *„Langsam, lass Dir Zeit, tu Dich nicht hetzen!"*[368]

364 19470809 J
365 19500121 J
366 19470822 J
367 19500121 J
368 19500110 J

Der Verlobungsplatz, 1947 skizziert von Josef Stockinger (1907–1971).

„Ja, Nussdorf[369] *haben wir uns ausgesucht, um die entscheidende Frage aneinander zu richten. So weit haben wir da fahren müssen. 168 km!"*[370], schreibt Vilma im Rückblick auf ihr Commitment zur weiteren Vertiefung der Beziehung.

Am 30. August 1947[371] verloben sich die beiden auf einer unbekannt gebliebenen Waldlichtung im Ennstal, welche mangels Fotografiermöglichkeit von Josef in einer einfachen Bleistiftzeichnung festgehalten wird. Rückblickend schildert Josef dieses Ereignis: *„Schöne Momente habe ich auf meinen vielen Bergfahrten schon erlebt, doch der schönste war, als Du mir dann den Ring und das Busserl zur Verlobung gabst. Mir kam vor, die Zeit stand einen Augenblick still."*[372]

„Auch Riki hat uns gratuliert und eine liebe Zeichnung uns zu Ehren gemacht. Das Platzerl, wo wir uns verlobt haben, hat sie gezeichnet. Zwei Bäume, ein Bankerl, die Abendsonne und zwei Eichkätzchen, wie sie sich halt eines vorstellt, in Hoserl und Rockerl."[373]

---

369 Das Weinbaudorf Nussdorf im 19. Wiener Gemeindebezirk.
370 19470705 V
371 Einem Samstag. Siehe: URL: https://chroniknet.de/extra/welcher-wochentag-war-der/?datum=30.8.1947.
372 19480829 J
373 19470908 V

EXTRAVERSION[374]

- **Ausgeprägte Eigenschaften:** Gesprächig, gesellig, dominant, zupackend, spontan, herzlich, heiter, optimistisch, *romantisch, stolz.*
- **Wenig ausgeprägte Eigenschaften:** Zurückhaltend, ruhig, gern allein aktiv, ernst, unabhängig, gehemmt, in sich gekehrt, *melancholisch.*

Zusammenfassende Charaktereinschätzung

Sehr extrovertiert, sozial eingestellt, offen und liebenswert. Er ist gesprächig, in gewisser Weise auch dominant und kann seine Wünsche und Sehnsüchte vertrauensvoll artikulieren. Ein romantischer, poetischer, aber auch ein weicher Typ. Josef ist dabei ein lustiger, in dieser Zeit schwer verliebter Mensch. Er ist stolz, wenn er seine handwerklichen Fähigkeiten vorzeigt.

Folgt man in der Analyse dem theoretischen Modell von Kepplinger, so widersprechen sich die ausgeprägten und die wenig ausgeprägten Merkmale und Eigenschaften deutlich. Durch die Auflagen und Reglementierungen der Religion kommen diese Charaktereigenschaften offensichtlich nicht vollständig zum Vorschein. Dies ist wohl auf der einen Seite der christlichen Werten folgenden Erziehung und Sozialisation geschuldet. Andererseits aber auch der Prägung aus der Zeit des Nationalsozialismus, in welcher Josef sich mit all seinen Befürchtungen und postulierten Repressalien – möglicherweise ängstlich und vorsichtig verhaltend – in allen Ebenen des gesellschaftlichen Zusammenlebens hat bewegen müssen.

Seine Extraversion lässt den Schluss zu, dass es während dieser Zeit in Josefs Erlebniswelten und Wirklichkeiten zu deutlichen Irritationen gekommen ist, welche sich in weiterer Folge möglicherweise hinderlich, aber zumindest verstörend in der weiteren Persönlichkeitsentwicklung zum Beispiel auch im Rollenmuster und Rollenrepertoire darstellen. Seine Zurückhaltung und Introversion[375] sind nach 1945 also auf seinen Fronteinsatz

---

374 Verstehend als Begriff für Menschen, die dazu neigen, mit anderen Menschen und Gruppen offen in Austausch zu gehen und dies auch als anregend und bereichernd erleben.
375 Einseitig eingestellt und festgelegt auf die eigenen seelischen Vorgänge.

und die damit verbundene schwere Kriegstraumatisierung mit extremen Gewissenskonflikten zurückzuführen. Der Charakter bleibt, es ändert sich die Persönlichkeit. Er ist nach dem Zweiten Weltkrieg ein anderer Mensch als vorher.

Beispiele aus den Briefen

Gesellig, heiter und herzlich.	*„Immer lustig und fidel, san mir Weana – (wollt sagen: San mir Steyrer mit einer Weanerin), meiner Seel'!"*[376]
Optimistisch.	*„(...) ich versage nicht! Dem stärksten Baum kann der Sturm nur einmal seine Krone etwas zerzausen, aber umfallen tut er deswegen doch nicht. Wenn der Orkan vorüber ist, steht er besser und schöner da als wie zuvor."*[377]
Romantisch und optimistisch ...	*„Wie schön ist doch so ein Herbsttag, an dem im Tal der Nebel liegt und in luftiger Höhe scheint noch die Leben und Kraft spendende Sonne mit ihren warmen Strahlen auf uns kleine Menschenkinder. So wie wir jetzt in trüben Tagen mitsammen ausharren, wollen wir es auch in Zukunft halten und Freud' – wenn es sein muss auch wieder Leid – teilen. Uns gegenseitig aufrichten, wenn einer von uns den Mut verlieren sollte. Das ist ja das Schöne, wenn sich zwei Menschen so richtig verstehen, dass sie eines vom anderen in dieser ja so schweren Zeit Trost und Stütze finden und sich durch gegenseitige Liebe schöne, frohe Stunden bereiten."*[378]
... mit einem manchmal „kleinen melancholischen Einschlag."[379]	*„Aber schau liebes Kinderl, wann ist es je vorgekommen, dass in der Liebe immer alles gleich vom ersten Tag an klappt und wie am Schnürchen geht, wie man es gerne haben möchte. Das ist eben Liebesleid und – freud. Ein Tropfen Schwermut ist halt in der Freude immer drinnen."*[380]

376 19470924 J
377 19470924 J
378 19470504 J
379 19470422 J
380 19470423 J

Josef Stockinger (1907–1971) vor einem Steyr-Lkw mit omnibusartigem Aufbau. Vermutlich 1950er-Jahre.

Marie Majetič schildert die Rückkehr nach Wien von einem Besuch in Steyr. Vielleicht ist auch mancher Hochzeitsgast aus Steyr im Mai 1948 so mühsam angereist?

„Also fangen wir an, von den Steyr-Werken ging es in die Stadt zum Fahrer seiner Wohnung, damit er von zu Hause Essen mitbekommt. Um ½ 10 sind wir von Steyr weg und Punkt 2 Uhr am Schwarzenbergplatz angekommen. Wie er gefahren ist, kannst' Dir denken mit welchem Tempo – unter dem Fahren ist im (sic) *der Draht gerissen, sodass das Brett rückwärts hinuntergefallen ist und die Eisenstangen freigelegen sind*[381]*. Die haben einen solchen Lärm gemacht, dass sich jeder nach unserem Auto umgesehen hat. Kannst' Dir denken, wie es bei uns im Auto war. Der Fahrer musste dann zu einem Schmied um Draht fahren, dass das wieder festgemacht wurde. Das war aber gar nichts, wenn Du uns nur gesehen hättest, durch das Brett hat es derart gestaubt, dass wir uns gar nicht atmen trauten. Es dauert nicht lange, fiel die Leiter auf meinen Arm herunter, wir haben gerufen „Aufhalten". Aber die Fahrer vorne (haben) nichts gehört, erst bis sie selbst einmal von vorne herausschauten. Und so musste ich gut eine Stunde immer die Leiter halten und wieder fangen, damit sie nicht auf die Straße geschleudert wurde. Bei dieser Gelegenheit habe ich jetzt im Ärmel ein großes Loch. Aber lieber das Loch als den Arm gebrochen, denn das wär' fürchterlich. Im Werk haben sie zwei Reservereifen mitgenommen, die hat der Fahrer auf die Stangen gelegt und einen Einsatz daraufgegeben. Es ging dies immer hoch hinauf und wieder herunter, sowie sich die Gummi bewegt haben. Aber wenn ein Loch kam, glaubten wir, dass unsere Knochen entzwei gehen. Es ist noch die junge Frau mit ihrem sechsjährigen Buben bei uns gewesen, sonst niemand. Wir haben soviel gelacht, wenn einer das andere angeschaut hat* (sic)*, so waren wir voll Dreck und Staub, ich und die Frau sind fast in der Hose dortgesessen (?), der Rock war weiss* (unleserlich) *durch den Luftzug und meistenteils waren wir alle wie auf einem Knäuel beisammen. (…) Könnte heute schreien, so weh tut uns alles. Aber mit der Bahn wäre es noch schlechter gewesen. Koffer habe ich noch gestern am Schwarzenbergplatz gegeben."*[382]

381 Ein für Personentransporte umgebauter (Kriegs-)Lkw.

382 Um diesen Koffer leer wieder nach Steyr zurückzubringen. Brief von Marie Majetič aus Wien an ihre Tochter Vilma in Steyr vom 6.9.1948.

GEWISSENHAFTIGKEIT

- **Ausgeprägte Eigenschaften:** Ordentlich, überlegt, arbeitsam, pünktlich, planend, sorgfältig, zuverlässig, starker Gestaltungswille, zielstrebig, durchsetzungsstark, sich Problemen stellen, verantwortungsvoll, *fürsorgend und fürsorglich.*
- **Wenig ausgeprägte Eigenschaften:** Unvorsichtig, spontan, eher willensschwach, unachtsam, ungenau, nachlässig.

Zusammenfassende Charaktereinschätzung

Ein fürsorglicher, achtsamer und besonnener Beschützer mit Gestaltungswillen. Arbeitsam und einem klaren, strukturierten Lebensplan folgend. Josef ist gebildet.

In diesem Merkmalsbündel überlagern die ausgeprägten Eigenschaften die wenig ausgeprägten Merkmale signifikant. Dies stellt offensichtlich einen notwendigen Rückgriff auf vertraute und bewährte Muster dar, um die eigene Funktionalität in unbewusst erlebten Szenen der Unsicherheit und Instabilität durch Aufrechterhalten der in der Allgemeinheit anerkannten und akzeptierten Bilder in Wirkung zu setzen.

Beispiele aus den Briefen

Ordentlich und ordnungsliebend.	Nach einer Rückkehr aus Weyer: *„Na und Du weißt ja, wie das ist, da gibt es dann allerhand zu erzählen, Koffer auspacken, waschen und was dann noch alles dazu gehört. Das Gewand aufheben*[383] *und so weiter. Übrigens schaut mein Anzug fürchterlich aus – ganz zerdrückt von der Drängerei im Zug."*[384]
Überlegt und durchsetzungsstark.	*„Man muss schon hie und da zeigen, dass man, wenn es sein muss, der Herr ist. Mit der Zeit lernt man ja aus den Fehlern vergangener Tage und macht es dann besser. Auch hier gilt das Sprichwort: durch Schaden wird man klug. Damit will ich aber nicht sagen, dass man sich wie ein Tyrann benehmen soll. Aber eines habe ich schon festgestellt, dass es nicht gut ist, wenn man immer nur ‚ja ja' sagt. Hie und da, wenn es am Platz ist, muss man sich auch zu einem energischen ‚nein' aufraffen."*[385]
Überlegt und besonnen.	*„(…) dass wir jetzt jedes Kreuzerl zweimal umdrehen vor dem Ausgeben. Sag aber bitte deswegen nicht, ich bin gierig oder gar geizig."*[386]
Gestaltungswille.	*„Solange die Welt besteht und solange Herzen füreinander schlagen wird es Hindernisse geben. Und die Hindernisse sind dazu da, um überwunden zu werden, auf gut österreichisch gesagt: man bringt halt nicht immer gleich alle Neune zusammen. Wie viele Filme und Theaterstücke behandeln das Schicksal zweier sich liebender Menschen, und oft türmen sich scheinbar unüberwindliche Hindernisse auf. Aber doch gibt es in den meisten Fällen immer ein gutes Ende. Darum wollen auch wir uns die sonnigen schöne Stunden, welche uns vergönnt sind, nicht mit bitteren Gedanken verderben."*[387]
Überlegt. Zeigt die fürsorgende „Beschützerrolle".	*„Wir sind ja keine kleinen Kinder mehr, wenn wir uns doch unser kindliches Gemüt trotz der Stürme des Lebens bewahrt haben, sondern reife Menschen, die noch dazu nicht oberflächlich denken."*[388]

383 Im Sinn von aufbewahren.
384 19470702 J
385 19470416 J
386 19471205 J
387 19470423 J
388 19471014 J

Von Mama ist gestern ein Brief gekommen, über den ich herzlich lachen musste. Weißt Du, was sie Dir, mein armer Wurm, verordnet hat? Ein kaltes Bad, weil Du so ein hitziger Bräutigam bist. Eine grausame Kur was? Aber lustig![389]

Ab dem Herbst 1947 drängt Josef zielstrebig auf die Hochzeit. Er spürt vielleicht noch Vilmas Unsicherheiten in Bezug auf die eheliche Bindung. Sie hat wahrscheinlich immer noch ihren im Krieg vermissten früheren Freund Franzl im Kopf, und ist vielleicht auch wegen des zukünftigen Lebensmittelpunktes Steyr oder Wien nicht endgültig entschlossen.

In einer länger sich hinziehenden Entscheidungsfindung versucht Josef gleich auch vermutete Gegenargumente zu entkräften: *„Ich weiß, was Du jetzt einwenden wirst. Du wirst sagen: schau, wir haben ja noch gar nicht viel. Ich bin krank, vielleicht komme ich erst knapp vor Weihnachten heim und außerdem kann ich jetzt nichts verdienen. Brauchen tun wir vorläufig nichts als ein Dach über dem Kopf. Das haben wir und müssen trachten, es unter allen Umständen zu erhalten."*[390] Und er bezieht – anlässlich der Allerheiligenfeiertage – auch den verstorbenen (imaginären) Schwiegervater in seine Argumentation mit ein und nimmt an, dass Vilma ihm diesbezüglich vertraut: *„Wenn wir morgen gemeinsam am Grabe Deines Vaters stehen könnten, würdest Du wahrscheinlich folgenden Gedanken fassen: Lieber Papa, den Mann, der neben mir steht, habe ich mir für das Leben ausgewählt. Gib uns auch Du, so wie die Mama, Deinen Segen. Und ich würde in Gedanken sprechen: Herr Majetič, ich will das Vertrauen, welches Ihre Tochter in mich setzt, rechtfertigen und alles tun, damit sie sich als meine Frau immer recht glücklich fühlt."*[391]

Religiosität und sein aktiv praktiziertes Christentum spielen selbstredend auch in diesem Lebenseinschnitt eine wichtige Rolle. *„Ich bin um 9 Uhr in der Kirche gewesen und habe alle meine Sorgen und Gedanken, all meine Liebe und meine Sehnsucht, dem anvertraut, der mich und Dich erschaffen hat und Dich und mich für das Leben zusammengeführt hat. Er weiß unsere kleinen und großen Sorgen und Nöte und wird uns sicher helfen, dass*

389 19471117 V
390 19470906 J
391 19471031 J

alles recht wird. Wir wollen ja nichts Unrechtes. Wollen nur die gottgewollte Ordnung erfüllen und eine Ehe, und später, wenn wir gesund bleiben, eine Familie gründen."[392]

Er setzt die Planungen unverzüglich um, will *„gleich die Ringe zum Gravieren geben und in der Vereinsdruckerei die Hochzeitsanzeigen bestellen (…) und zu meinem zuständigen Pfarrer im Pfarramt Münichholz."*[393] *„Am Magistrat bin ich auch gewesen auf Zimmer 20 wegen dem Heimatrechtnachweis. Gut, dass ich hingegangen bin. Samstag ist nämlich in dieser Abteilung kein Parteienverkehr. Und wenn das dort anwesende Fräulein nicht wollen hätte, hätt' sie mir die Bescheinigung gar nicht geben müssen. Wer weiß, ob sie nächsten Samstag so guter Laune gewesen wäre."*[394]

Vilma antwortet betreffend der von ihr übernommenen Vorbereitungsaufgaben drei Tage später: *„Es ist jetzt 8 Uhr, ich hab' mein Schreiben unterbrochen, weil ich die Leute aufgeschrieben habe, denen wir Anzeigen schicken müssen. Bis auf 35 sind wir schon. Außerdem hab' ich jetzt Paradeissauce mit Nudeln gegessen und bin so voll, dass mein Gehirnderl streikt und nichts mehr weiß."*[395]

---

392 19470907 J
393 19480404 J
394 19480401 J
395 19480407 V

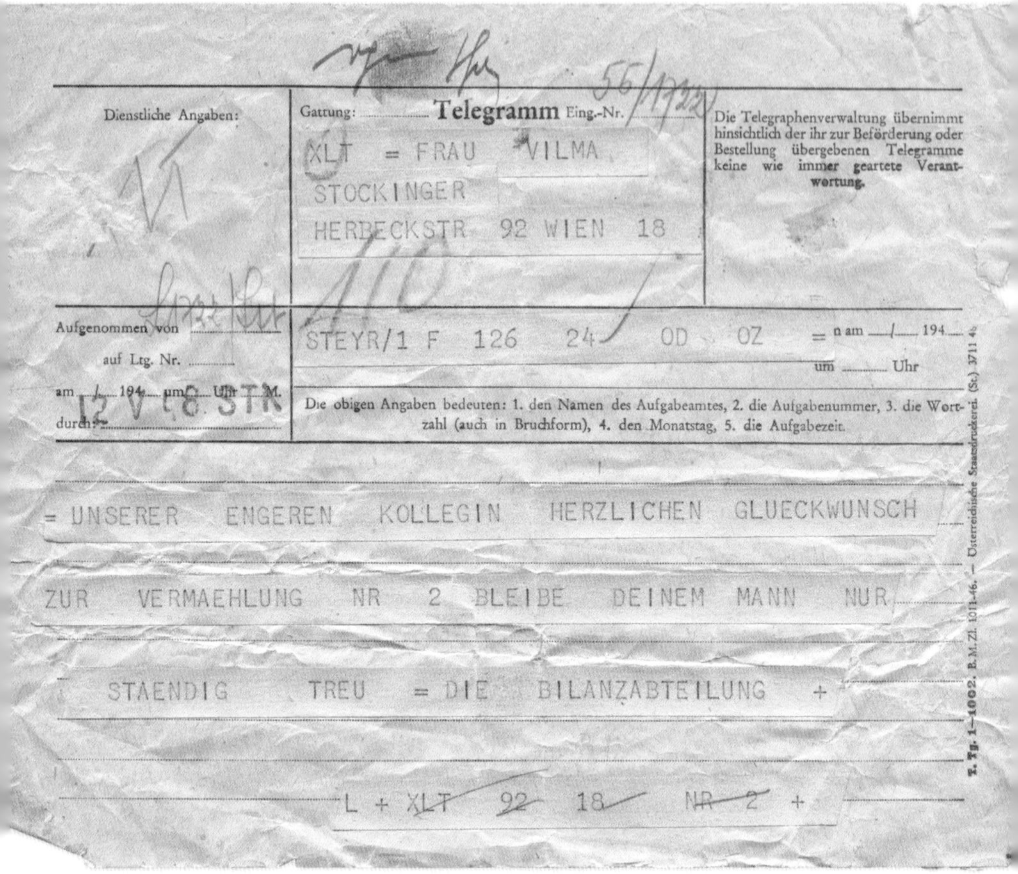

Dienstliche Angaben:

Gattung: .... **Telegramm** Eing.-Nr. 56/1722

XLT = FRAU VILMA
STOCKINGER
HERBECKSTR 92 WIEN 18

Die Telegraphenverwaltung übernimmt hinsichtlich der ihr zur Beförderung oder Bestellung übergebenen Telegramme keine wie immer geartete Verantwortung.

Aufgenommen von ....
auf Ltg. Nr. ....
am ..../.... 194.. um .... Uhr .... M.
durch: ....

12 V 18 STR

STEYR/1 F 126 24 OD OZ = n am ..../.... 194....
um .... Uhr

Die obigen Angaben bedeuten: 1. den Namen des Aufgabeamtes, 2. die Aufgabenummer, 3. die Wortzahl (auch in Bruchform), 4. den Monatstag, 5. die Aufgabezeit.

= UNSERER ENGEREN KOLLEGIN HERZLICHEN GLUECKWUNSCH
ZUR VERMAEHLUNG NR 2 BLEIBE DEINEM MANN NUR
STAENDIG TREU = DIE BILANZABTEILUNG +

L + XLT 92 18 NR 2 +

T. Tg. 1—1002. B. M. Zl. 1011-46. — Österreichische Staatsdruckerei (St.) 3711 46

Gratulationstelegramm der „Bilanzabteilung" der Steyr-Daimler-Puch AG zur Vermählung.

„Unserer engeren Kollegin herzlichen Glueckwunsch zur Vermaehlung – Bleibe Deinem Mann nur staendig treu."[396]

„(…) Mir gefällt es so gut hier in Wien, ich komm gar nimmer (zurück nach Steyr, J. S.)!! *Was sagst Du dazu? Mama gibt mich nimmer her. Sie nimmt mich wieder."*[397]

„Von mir aus gehe ich mit Dir nach Wien. Wenn Dich das Heimweh nach dem Häusermeer und der großen Stadt übermannen sollte und es Gottes Wille ist. Aber nur Dir zuliebe, um Dich ganz glücklich zu wissen. In einigen Jahren wird es auch in Deiner Heimat wieder besser sein und es wird sich leichter die Möglichkeit bieten, eine gute Existenz zu finden."[398]

396 Telegramm an Frau Vilma Stockinger, Herbeckstr. 92, Wien 18, vom 12.5.1948.
397 19480826 V
398 19470827 J

Nach der kirchlichen Trauung in der Wiener Pfarre St. Othmar im Mai 1948 *„werden wir mitsammen einige gute Glaserl Wein trinken und auch die Riki muss einen Schwips kriegen."*[399]

Die entsprechende Nachspeise zum Festessen wird vorbereitet. Der Briefwechsel überliefert dazu: *„Der Spritzsack geht wunderbar, die Torte hätte der Zuckerbäcker nicht besser zusammengebracht",* schreibt Vilma. Und Josef antwortet, ihre vermutete Antwort vorwegnehmend: *„Mein Liebes, sei nicht so eingebildet." „Mein Lieber, sei nicht keck, sonst zeig ich Dir das Zungerl."*[400]

Geheiratet wird zwar in Wien, es ist zu diesem Zeitpunkt aber bereits klar, dass der Lebensmittelpunkt zukünftig in Steyr sein wird. Dies vor allem wegen der fixen Arbeit als Elektriker in den Steyr-Werken. Vilma ist nach der schweren Lungenerkrankung vorerst[401] nicht mehr erwerbstätig, bestimmt trägt auch Josefs patriarchalisches Rollenverständnis dazu bei: *„Wenn Du wieder so weit bist, dass Du ins Büro gehen kannst, dann bitte sag dort Deinem Vorgesetzten und womöglich auch dem Betriebsrat, gleich wenn Du Dich zurückmeldest, klipp und klar, dass Dir die Arbeit mit der schweren Maschine nicht guttun wird und dass Du das Gefühl hast, dabei wieder rückfällig zu werden. Gib ihnen zu verstehen, dass es Dir lieber wär', in einem anderen Büro, vielleicht im Kugellagerwerk oder sonst irgendwo hinzukommen, wo Du nicht immer den ganzen Tag mit gekrümmtem Rücken, ununterbrochen an der Schreibmaschine sitzen musst, sondern zwischendurch etwas zu tun kriegst, wo Du dabei Bewegung machst. Du kannst dabei gleich einflechten, dass es Deine Absicht ist, sollte einmal die Abteilung wieder nach Wien versetzt werden, nicht mitzugehen."*[402]

---

399 19480330 J
400 19500313 V
401 Erst ab März 1969 bis zur Pensionierung 1976 arbeitet sie wieder im ZED (Zentraler Ersatzteildienst).
402 19470909 J

Hochzeit im Mai 1948.

„Das Kleid sitzt wie angegossen und wird mir auch für den 12. reserviert. Mitzi war mit mir und hat gesagt, Du darfst mich erst sehen, bis ich ganz angezogen bin. Gelt, sie ist schon grauslich. (…) Dein Mascherl ist auch gebunden. Sträußerl für Dich und Beistände bereits gekauft. Der Leihpreis des Kleides kostet 130 Schilling, 50 hab' ich beangaben müßen. Meine Brillen hab' ich auch heute bekommen, schauen sehr vornehm aus, weil das Gold frisch geputzt ist – stech' ich Dich wieder einmal aus?"[403]

Josefs Cousine Maridi schreibt über die Trauungsfeier an den Bräutigam: *„(…) nun habe ich alles beisammen und kann euch meine Gabe zum Hochzeitstage schicken. Ich bin stolz auf die Leistung meines ‚Boxerls'*[404] *und hoffe, dass ihr auch eine Freude beim Empfang der Bilder habt. Die Inhaberin des Fotoateliers sagte mir: ‚Gnädige Frau, so ein schönes Bild bringt oft ein Berufsfotograf nicht zusammen.' (…) Vielleicht schreibt ihr mir auch einmal, wer die Leute sind, die man auf den Bildern sieht? Das junge Fräulein ist sicher eine Schwester. Die junge Dame mit dem Fuchs auch. Dann ist noch eine junge Dame. Ein schlanker Herr und ein blendend aussehender. Wer sind sie? Die Mutter der Braut ist ja leicht zu kennen. (…) Wie geht es euch, ihr lieben Flitternden. (…) Von Herzen wünsche ich Euch, dass euer gemeinsamer Lebensweg so sonnig sein möge wie es Euer Hochzeitstag war. Dich und dein junges ‚Weibats'*[405] *grüßt vielmals Maridi."*[406]

Josef hätte möglicherweise die Hochzeitsnacht in seiner humorvollen Art mit folgenden Verszeilen eingeleitet: *„Fix Laudon noch einmal, ich weiß gar nicht mehr, wo ich meine angesammelte Männerkraft hintun soll.*

---

403 19480407 V. 130 Schilling entsprechen in etwa der heutigen Kaufkraft von 154 Euro. Historischer Währungsrechner. A. a. O.

404 Eine Kamera – vermutlich die damals übliche „Agfabox".

405 Ein nach heutigem Verständnis wertender Begriff, ein patriarchales System anerkennend.

406 19480603. Brief von Josefs Cousine Maridi aus Wien.

Wenn ich Dich bei mir jetzt hätt',
Wärs für Dich ein großes Gfrett.
Tät Dich drücken, beißen, Busserl geben,
Wie es halt schon geht im Eheleben."[407]

Jetzt hast Du also *„Dein kleines Herzerl vollkommen in meine Hände gelegt. Kannst Dir gar nicht denken, wie wohltuend solche Worte auf einen Mann wirken."*[408] Und es stimmt schon: *„Immer komme ich auf das Liebesthema und dann sagt die Mama wieder ich bin ein Bußlkater."*[409]

Jetzt nippen sie zwischendurch am Glas des Hochzeitsweins von der Verwandtschaft aus Marbach an der Donau oder aus Laxenburg[410] und Josef erinnert sich an seine Aussprüche aus einer Zeit, als sie noch getrennt gewesen sind: *„Waß i, was i jetzt tun soll. Soll ich mi kalt duschen oder soll ich schlafen gehen oder soll ich aufbleiben. Ich bin ganz hysterisch. Du bist nicht da und gehst mir so viel, unendlich viel ab. Dich hat es weggerissen, Du bist ein Stück von mir."*[411]

Vilma wird ihrem Mann jetzt *„viele Bussi geben (...) bis Du ganz wild wirst und zu schnaufen anfängst wie eine kleine Lokomotive. (Aber, aber, ich krieg schon jetzt ka Luft). Und die Leselampe wird mit rotem oder blauem Papier umwickelt, auf dass ihr das Sehvermögen genommen wird. Oder wir löschen sie ganz aus, so wird es am besten sein. Und dann?? Ja, was mach ma jetzt, was mach ma jetzt? Ich sage es Dir nicht!"*[412]

---

407 19500119 J
408 19470827 J
409 19500521 J
410 Vielleicht einen Wachauer Riesling oder einen Zierfandler aus der Thermenregion.
411 19500114 J
412 19471013 V

VERTRÄGLICHKEIT

- **Ausgeprägte Eigenschaften:** Harmoniebedürftig, friedlich, kooperativ, mitfühlend, nett, hilfsbereit, nachgiebig, bescheiden, nicht angeberisch, entgegenkommend *und nicht drängend, sehnsuchtsvoll, neugierig*
- **Wenig ausgeprägte Eigenschaften:** Egozentrisch, stur, aggressiv, misstrauisch, hart, sehr skeptisch, wettbewerbsorientiert.

Zusammenfassende Charaktereinschätzung

Er ist anständig, wohlerzogen und bescheiden, manchmal auch schüchtern. Josef ist geduldig, aufmerksam und bleibt einfühlsam. Ebenso spiegelt sich in seinen Aussagen die Verträglichkeit im Sinne von miteinander harmonieren, in Beziehung gehen, der Welt trotz Widrigkeiten zugewandt sein und bleiben. Nicht drängend und bedrängend in Erwartung von Neuem bzw. auch Unbekanntem, das er sehnsüchtig und neugierig erleben möchte.

All dies könnte als Ausdruck neu entdeckter Lebensfreude und – nach seiner bisherigen schweren Lebensbiografie – als ein optimistisch gestimmter Blick in die Zukunft gewertet werden. Er ist bereit, ein allumfassend lebensbejahendes Selbst zu entwickeln.

Beispiele aus den Briefen

Harmoniebedürftig.	*„Wie gerne würde ich mit Dir an Sonntagen nachmittags eine kleine Wanderung durch die schlafende Natur machen. Nachher irgendwo bei einem guten Glas Most gemeinsam ausreden oder heimgehen und es uns in Deinem von Zentralheizung und unserer Sonne erwärmten Zimmer auf Deinem Bett gemütlich machen. Schöne Stunden wollen wir uns machen, wo und wann es nur geht, wenn Du einmal bei mir bist und nie eine Missstimmung aufkommen lassen. Sollte einmal ein kleines Gewitter am ehelichen Himmel heraufziehen, so darf es höchstens fünf Minuten dauern und soll nur reinigende Wirkung haben. Und ehe die Sonne sich anschickt, ihren Tageslauf zu beenden, muss in unsere Herzen wieder der Friede eingekehrt sein. So wollen und werden wir es immer halten, dann wird das Glück immer bei uns bleiben."*[413]
Bescheiden und gehemmt.	*„Ich war halt von jeher, das war immer mein großer Fehler, dem anderen Geschlecht gegenüber zu viel zurückhaltend und bescheiden."*[414]
Nicht angeberisch, jedoch perspektivisch. Optimistisch.	*„Es ist besser, wenn man nicht so großmäulig ist und alles gleich an die große Glocke hängt. Lieber nicht viel reden dafür klappt es dann umso besser."*[415]
Sehnsuchtsvoll. Neugierig.	*„(…) da mein Wunsch* (bei Dir zu sein, J.S.) *sich leider nicht erfüllt, will ich wenigstens als Abschluss des Tages noch in Gedanken ein wenig bei Dir, mein gutes Mädchen, sein. Gar nicht so lange ist es her, da brachte ich meinem damals so traurigen Mädel die ersten grünen Blätter und Frühlingsblumen, die ich irgendwo und irgendwie erwischen konnte, in das Spital. Nicht mehr lange wird es dauern und das Jahr 1947 gehört der Vergangenheit an. Stopp Deine besinnlichen Gedanken ein bisschen, es ist nicht gut für mich, höre ich mein zweites Ich sagen. Erzähle lieber was Du heute alles gemacht hast."*[416]
Aufmerksam in der Situation, nicht drängend. Raum für Entwicklung wird geöffnet.	*„Über was soll ich heute mit Dir plaudern, soll ich von der Vergangenheit, der Gegenwart oder der Zukunft mit Dir sprechen? Oder willst Du ein selbstgemachtes Märchen von mir hören. Weißt Du so eines, wie ich Dir im Spitalgarten auf der Bank einmal erzählt habe, wo Du dabei Dein Kopferl auf meinem Schoß liegen hattest. Aber was frage ich lang herum, wo ich doch schon wissen soll, dass Du die Fragerei nicht leiden kannst."*[417]

413 19471118 J
414 19470416 J
415 19471031 J
416 19471202 J
417 19470909 J

Steyr, am Dienstag 9.9.1947

Der Ring erglänzt so wunderfein.

Dein Bild erhellt der Lampe Schein.

Die Locke trag ich stets bei mir.

Nur Du weilst fern,
Du bist nicht hier!

Die Berggasse in Steyr
Nach einer Kupferradierung v. A. Lebeda, Steyr)

Mein liebes Purzele!

Über was soll ich heute mit Dir plaudern, soll ich von der Vergangenheit, der Gegenwart oder der Zukunft mit Dir sprechen? Oder willst Du ein selbstgemachtes Märchen von mir hören, weißt so einer, wie ich Dir im Spitalgarten am Bankerl einmal eins erzählt hab wo Du dabei Dein Kopferl auf meinem Schoß liegen hattest. Aber was frag ich lang herum, wo ich doch schon wissen soll daß Du die Fragerei, nicht leiden kannst.

Gestern hatten meine Eltern, ihren Hochzeits-

Josefs Brief vom 9. September 1947, erste Seite.

Zille am Hallstättersee. Bildautor unbekannt, vermutlich ursprünglich eine Ansichtskarte.

„Hochzeitsreise? Daran habe ich noch gar nicht gedacht. Ja wohin soll denn die gehen? Nach Capri oder Bozen, Meran, Venedig, Rom. Oder ins Münichholz? Bitte nur auszusuchen!"[418] Josefs Vorschlag ist nicht weniger originell: *„Machen wir einmal mit einer Schnackerlbahn unsere Hochzeitsreise oder wählen Sie lieber einen richtigen Orient-Express, Fräulein Majetič?"*[419]

418 19470811 V
419 19470809 J

„Wenn uns Gott einmal ein Kind schenkt, tun wir ihm vor Weihnachten etwas Schönes basteln. Wird es ein Bub, so mache ich ihm eine elektrische Eisenbahn, ist es ein Mädel, bekommt es ein Puppenzimmer."[420] Und ich werde zu *„Deinem Geburtstag dem Kinderl immer ein kleines, selbstgemachtes Verserl für Dich lernen."*[421]

„Ich habe heute einen lieben Traum gehabt. Ich habe ganz schmerzlos ein Baby bekommen. Ein ganz winziges, kleines Mädchen habe ich Dir in die Arme gelegt. Wäre das nicht schön? Oder wärest Du recht enttäuscht darüber, dass es kein Buberl ist?"[422] Das Rollenklischee vom „männlichen Stammhalter" wird von Josef in seiner darauf bezogenen Antwort diplomatisch umschifft: *„Was macht denn unser kleines Baby, das Du mir im Traum geschenkt hast? Schreit es recht und strampelt es mit den kleinen Haxerln? Oder kann das gar schon Mama und Papa sagen? Ein Bub wäre mir schon lieber. Aber wenn das Mädchen der Mama ähnlichsieht, mag ich es selbstverständlich auch."*[423]

Es klingt nach einem Entschluss: *„Viele Männer wissen so ein altes Familienglück gar nicht zu schätzen, doch ich werde einmal überglücklich sein. Du hast mir schon so viele schöne Stunden bereitet und Du wirst es auch in Zukunft tun, dessen bin ich gewiss."*[424]

Der fertige Plan für die Familie mit Kindern liegt klar vor Augen: *„Wenn jetzt die trüben Tage und langen Abende kommen, dann finden sich die Leute und besonders die Familien wieder viel mehr als im Sommer. Besonders wenn kleinere Kinder da sind, gibt es schöne Stunden am Abend. Es werden Märchen erzählt, vom Krampus wird gesprochen und ein ganz klein wenig wird auch schon jetzt ans Christkind gedacht. Wenn uns das Glück hold ist und wir haben in einigen Jahren selber ein kleines Baby werde ich ihm – wenn ich abends nach Hause komme – beim warmen Ofen schöne Geschichten und Märchen erzählen. Und auch Du wirst mir gerne zuhören und Deine großen dunklen Augen werden auf das Kind und mich sehen und vielleicht wird dabei die Erinnerung in Dir wach an die Spitalszeit, wo ich Dir auch am Bankerl Märchen erzählte."*[425]

---

420 19471125 J
421 19470620 J
422 19470917 V
423 19470922 J
424 19471031 J
425 19471031 J

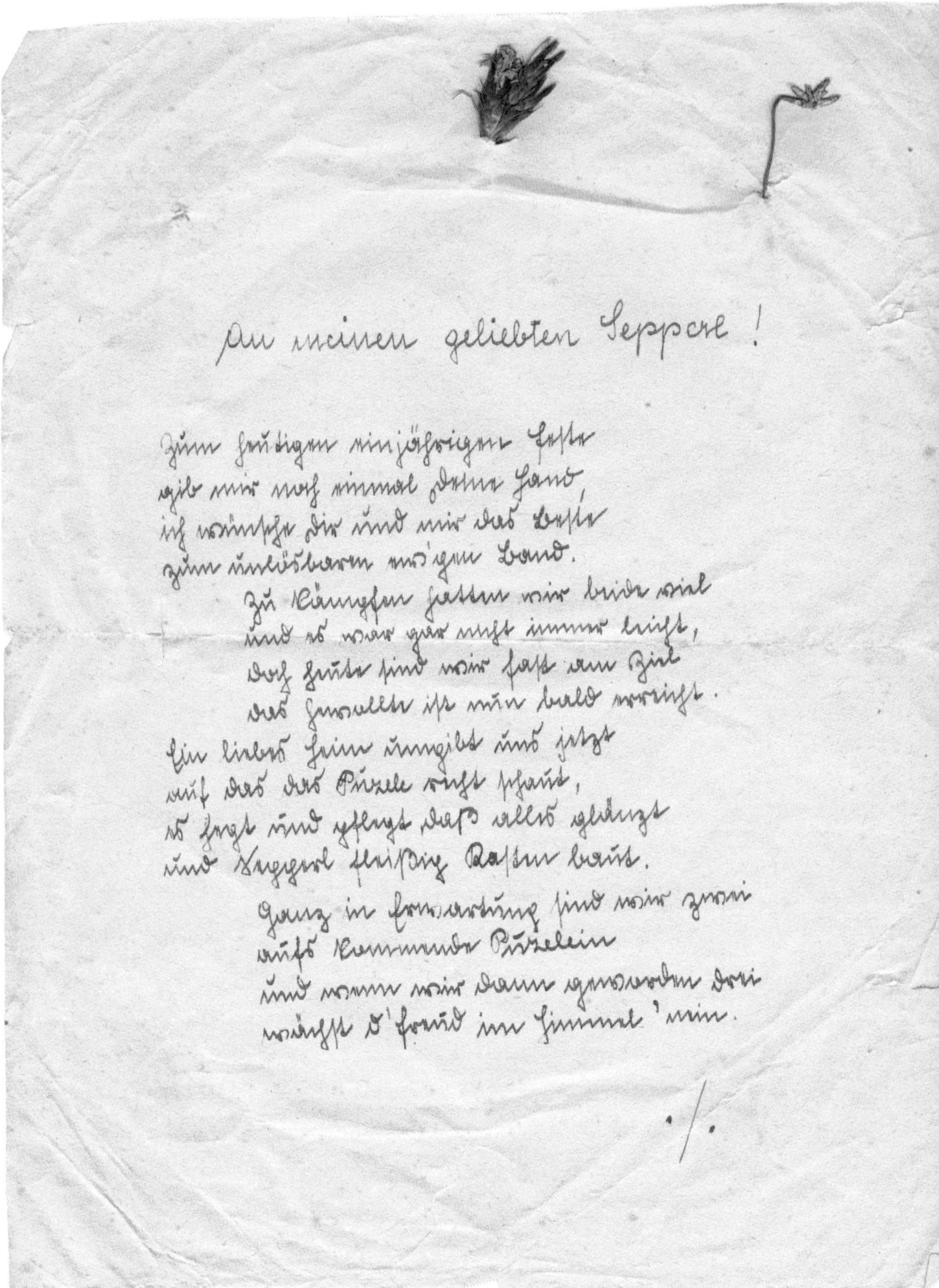

An meinen geliebten Sepperl !

Zum heutigen einjährigen Feste
gib mir noch einmal deine Hand,
ich wünsche dir und mir das Beste
zum unlösbaren ew'gen Band.
Zu kämpfen hatten wir beide viel
und es war gar nicht immer leicht,
doch heute sind wir fast am Ziel
das Gewollte ist nun bald erreicht.
Ein liebes Heim umgibt uns jetzt
auf das das Putzele recht schaut,
es sorgt und pflegt daß alles glänzt
und Vogerl fleißig Nester baut.
Ganz in Erwartung sind wir zwei
aufs kommende Putzelein
und wenn wir dann geworden drei
wächst d'Freud im Himmel 'nein.

./.

Erste Seite von Vilmas Widmungsgedicht zum ersten Hochzeitstag, 12. Mai 1949.

„An meinen geliebten Sepperl!

Zum heutigen einjährigen Feste
gib mir noch einmal Deine Hand,
ich wünsche Dir und mir das Beste
zum unlösbaren ewigen Band.

Zu kämpfen hatten wir beide viel
Und es war gar nicht immer leicht.
Doch heute sind wir fast am Ziel
Das Gewollte ist nun bald erreicht.

Ein liebes Heim umgibt uns jetzt
Auf das das Puzele recht schaut,
es hegt und pflegt, daß alles glänzt
und Sepperl fleißig Kasten baut.

Ganz in Erwartung sind wir zwei
Aufs kommende Puzelein
Und wenn wir dann geworden drei
Wächst d' Freud in Himmel 'nein.

(…)

Als bescheidene Gabe zum ersten Hochzeitstag.

Steyr, 12. Mai 1949."[426]

---

426 19490512 V

Die Wiener Urania mit Sternwarte (Bild rechts) war, wie die 1888 gegründete Urania Berlin, die führende populärwissenschaftliche Bildungsanstalt. Der Verein wird 1897 gegründet und nimmt 1910 sein in neobarockem Stil gehaltenes Vereinshaus in Betrieb. Heute ist die Urania eine Einrichtung der „Wiener Volkshochschulen GmbH".[427]

Fronleichnamsumzug in Steyr-Münichholz am 4. Juni 1953.

Der Stadtteil Steyr-Münichholz ist von den Nationalsozialisten als Mustersiedlung ohne Kirche geplant gewesen.[428] Der fortschrittliche und antifaschistische Jesuitenpater Josef Meindl, Gründer der Pfarre und Pionier der Arbeiterseelsorge, ist hier seit 1940 für deren Aufbau und bis Ende 1946 als Pfarrer tätig.[429] Im Juli 1945 nimmt er an einer großen Kundgebung teil, bei der die Umbenennung der nationalsozialistischen Straßenbezeichnungen gefordert wird.[430]

427 Informationen aus: https://de.wikipedia.org/wiki/Urania Wien. (25.6.2021).
428 Ramsmaier, Karl: „Die Kirchen während der NS-Zeit in Steyr". A.a.O.
429 Vergleiche bei: Ramsmaier, Karl: P. Josef Meindl SJ. A.a.O. bzw. Retzl, Helmut/Rammerstorfer, Günter: Steyr-Münichholz. A.a.O.
430 Pfarrchronik Münichholz, 62. Zit. bei: Ramsmaier, Karl: „Die Kirchen während der NS-Zeit in Steyr". A.a.O.

Ansichtskarte der Wiener Urania.

„Wir wissen, dass nichts von ungefähr kommt". Weltanschauung und Religion

„Ich weiß, dass Dein Gottesbegriff, Vilma, ein anderer ist als meiner, aber eines haben wir gemeinsam: wir wissen, dass nichts von ungefähr kommt, sondern dass einer da ist, der sich um uns sorgt und unser Dasein lenkt".[431] Sie mögen damit die in der Theologie definierte Verankerung des Menschen in Gott, seine Rück-Bindung („Re-ligio") gemeint haben. Vilma und Josef meistern das daraus entstehende Konfliktpotenzial äußerst gut.

431 19470907 J

Die innige und offene briefliche Begegnung gewährt uns Einblick in Weltanschauung und philosophische Einstellungen zu den letzten Fragen von Vilma und Josef.

Vilmas Weltbild ist einerseits vom kaisertreu-katholischen Familienumfeld der Mutter, andererseits freigeistig vom Vater geprägt. Dieser besucht die Kirche – in Übernahme der NS-Religionspolitik – äußerst selten.[432] In einem Programmfolder des „Theaters in der Josefstadt" zur Aufführung von Don Carlos steht, von Vilma dick mit Buntstift unterstrichen, das Zitat: *„Welche Religion ich bekenne. Keine von allen, die Du mir nennst! – Und warum keine? – Aus Religion."*[433]

Josefs Weltanschauung ist, wie mehrfach dargestellt, der Katholizismus, den er praktiziert: *„Heute bin ich schon um 4 Uhr aufgestanden. Hab' mich gewaschen und rasiert und 10 Minuten vor 6 bin ich aus dem Haus. Um Schlag 6 Uhr kam ich gerade recht in die Marienkirche zur ersten Messe."*[434] Seine religiöse Zuversicht bestärkt auch die Beziehung zu seiner zukünftigen Frau. *„Die Hauptsache ist wir haben uns lieb und halten fest zusammen und vergessen unseren Herrgott nicht, dann wird alles recht",*[435] ist eine diesbezügliche exemplarische Aussage.

Der durch den Kirchenkalender strukturierte Jahresablauf ist bei ihm tief verinnerlicht. Einerseits aus der überlieferten Familientradition, andererseits be- bzw. verstärkt durch die strenge schulische Religionserziehung[436]. Er datiert beispielsweise seine schriftliche Kommunikation sehr oft mit Bezug darauf, er schreibt am „Barbaratag" (4. Dezember) und besucht jemanden am „goldenen Sonntag".[437]

Einen genaueren Zugang in ihre diesbezügliche Gedankenwelt ermöglicht uns eine briefliche Diskussion über den persönlichen, symbolischen Glücks- oder Tränenstern, die nachfolgend gerafft wiedergegeben wird.

432 Erika Jäckel, Info vom 18.3.2021.
433 Theater 1943/44: Sammlung von Programmheften der Vilma Majetič. A.a.O.
434 19500521 J
435 19500516 J
436 Die Knaben erlernen in den ersten Schulhäusern, den sogenannten „domus disciplinae", vor allem Gesänge und Gebete, das Lesen und Schreiben nur in Ansätzen. Bis zur Schulverstaatlichung 1869 ist der Katechismus der Hauptlesestoff, Religion, Lesen, Schreiben und Rechnen sind die wenigen Unterrichtsgegenstände. (Vertiefende Information dazu im Schulmuseum Bad Leonfelden).
437 Das ist der erste Sonntag nach Pfingsten, das Fest „Trinitatis" (Dreifaltigkeitssonntag).

Josef macht einen Vorschlag: *„Sag, hast Du schon einmal genauer geschaut, ob nicht unter den vielen Sternen unser Stern – unser Glücksstern – zu finden ist. Den müssen wir auf jeden Fall bei nächster Gelegenheit gemeinsam suchen. Sollte noch keiner für uns vorhanden sein, so werden wir kurzen Prozess machen und uns ganz einfach einen Stern aneignen. Es braucht doch kein so großer sein wie der auffallende Abendstern. Ein kleiner tut es ja auch. Die Hauptsache ist, dass er uns allein gehört."*[438]

„Unser Sternderl werden wir kaum finden", antwortet Vilma pessimistisch. *„Denn suchst' Dir heute eines aus ist es morgen schon wieder verschwunden. Und ich hoffe, dass unseres ein Glücksstern sein wird! Na, wir werden es ja später sehen. Vielleicht ist es aber auch ein Tränen-Stern!"*[439] Und sie setzt fort: *„Ich glaube, ich habe es schon im Voraus geahnt, dass ich schon viel zu lang ein ruhiges Dasein geführt habe und wieder einmal ein tränenreicher Zeitabschnitt für mich beginnt. Dass Du es gut gemeint hast, weiß ich, aber was soll ich denn tun, wenn es mich schon so schwer anpackt? Ich bin halt eine dumme Gans! Ich habe ja auch den Tränen-Stern gar nicht mit Dir in Zusammenhang bringen wollen. Schau, Du weißt ja selbst, wie viel Vertrauen ich zu Dir habe. Du weißt auch, dass ich mein kleines Ich, mein Leben Dir in die Arme gelegt habe und immer zu Dir stehen werde. Ich bin auch nicht so eingebildet und glaube, dass unser Leben uns nur Freuden bescheren wird. Gewiss ist, dass wir uns verstehen werden. Aber den Gefahren und Härten des Lebens werden wir kaum entrinnen können. Glaubst Du nicht auch? Wenn zwei Menschen zu einem werden, in Geist, Gedanken, Leiden und Freuden, ja das ist bestimmt mehr als schön."*[440]

Josef versucht im weiteren Verlauf des Dialogs, wie es seinem optimistischen Naturell entspricht, Gemeinsamkeiten herauszuarbeiten und auszugleichen. Er löst die Diskussion über die Sternenbetrachtung mittels seiner religiösen Weltsicht auf: *„Das soll aber nicht so eine Redensart sein, die schon hunderte und tausende vor mir ausgesprochen haben, sondern es ist mein ernster und fester Entschluss, immer alles das von Dir fernzuhalten, was Dich zu Tränen bewegen könnte. Es sei denn, Du vergießt Freudentränen,*

438 19470818 J
439 19470820 V
440 19470827 V

das wäre etwas anderes. Gibt es denn etwas Schöneres auf dieser garstigen falschen Welt, als wenn zwei Menschen verschiedenen Geschlechtes zu einem werden? Wir werden uns bestimmt einmal sehr gut vertragen, glaube es mir und Du wirst den Tag nie verwünschen, an dem Du mir die Zusage gabst, meine süße kleine Frau zu werden. In nicht mehr langer Zeit sind es schon eineinhalb Jahre, dass wir uns das erste Mal begegneten. Es ist kaum zu glauben und 10 Monate sind es schon wieder, seit wir uns wirklich nahegekommen sind und doch hat noch nie ein Streit oder ein bewusstes gegenseitiges Ärgern unsere Zuneigung und Liebe getrübt. Obwohl wir uns nicht etwa unser Wesen verkünstelt haben, sondern uns so gaben wie wir eben sind. Und so wie jetzt wird es auch in aller Zukunft bleiben. Wenn ich nächstens wieder bei Dir bin, Dich in meine Arme schließe und Dir in Deine Augen seh, dann wirst Du sicherlich nicht mehr vom Tränensterndl sprechen! Ich kenne Dich ja schon. Hie und da hast Du halt so eine pessimistische Anwandlung. Gelt!"[441]

Vilma sinniert dazu entschuldigend: *„Ich habe es so gut gemeint und wollte Dich auf einen schönen Gedanken bringen und mit Dir beim nächsten Besuch das Glückssternderl am leuchtenden schönen Abendhimmel suchen. Du hast mich um diese Freude gebracht und sprichst so traurig von einem Tränensternderl."*[442]

Und er beschließt dieses briefliche Zwiegespräch: *„Als ich gestern Abend mit etwas Wehmut im Gemüt von Dir weg nach Weyer hinunterging, betrachtete ich den schönen klaren Sternenhimmel und dachte mir dabei so wie ich ihn jetzt sehe, wirst Du ihn auch – wenn Du bei Nacht in Deinem Bett wach wirst – anschauen und Dir Deine Gedanken über die Unendlichkeit und Großartigkeit des Weltalls machen. (...) Ja, so oft schaue ich mir die Sterne an und es ist viel, was mich dabei bewegt. Ja, unendlich groß ist Gottes Welt. Dabei kann einen die Andacht packen zu dem großen allmächtigen Schöpfer."*[443]

In seinem intuitiven Entgegengehen auf Vilmas Weltinterpretation spielen auch seine weltliche Strukturierung des Jahresablaufs und die Naturbetrachtung eine wichtige Rolle. Er hält fest: *„Dann kommt noch der kalte*

441 19470822 J
442 19470821 V
443 19470829 J

Jänner, der Februar der Faschingsnarren, der März mit seinen schon warmen Sonnenstrahlen, der grausige nasse April und dann der Blütenmonat Mai."[444] *„Diese Natur hat es uns beiden ja besonders angetan. Und wenn Du auch heuer, mein Liebes, den Frühling mit seinem Blütenzauber nicht erleben konntest, so kommt ja noch der Sommer mit seinen laueren, warmen Nächten und der schöne Herbst mit seinem Erntesegen und seinen oft noch recht sonnigen und warmen Tagen, an denen sich die Bäume unter ihrer Fruchtlast biegen und ihr schönes buntes Herbstgewand anziehen."*[445]

Der beginnende Siegeszug der Naturwissenschaften in der zweiten Hälfte des 19. Jahrhunderts führt zur grundsätzlichen Umstellung gesellschaftlicher und geistiger Orientierungsstrukturen. Überlieferte religiöse und metaphysische Weltdeutungsmodelle verlieren ihre allumfassende Gültigkeit. In ihrer pantheistisch orientierten Weltinterpretation setzt Vilma „Gott" und Welt bzw. Natur gleich. Sie sieht das göttliche Prinzip im Aufbau und der Struktur des gesamten Kosmos, es existiert in allen sichtbaren weltlichen Dingen. An die Stelle des Bezugs zu Gott als transzendenten Schöpfer tritt die Beziehung zur Natur. *„Überhaupt in der Natur, in jeder Blume und in jedem Vogel, darin wohnt halt der meine. Wenn sich das auch mit deiner Meinung nicht ganz deckt, ich kann mir nicht anders helfen."*[446]

Nach der Festigung der Beziehung fühlt sich Vilma allerdings immer stärker zur offiziellen Kirche hingezogen. Dies wird sich nach dem Tod ihres ersten, nach wenigen Monaten verstorbenen Kindes Christerl, noch verstärken. Ihr Zugang zur Religion wird auch von ihrer Leidenschaft für klassische und sakrale Musik sowie ihrem eigenen Mitwirken im Kirchenchor mitbestimmt. So berichtet sie von einem Aufenthalt in Wien im März 1950, dass sie *„heute in der 8er-Messe* (gewesen ist). *Die hat der Innitzer gelesen zum 100. Jubiläum des Marianen Ordens. Am Chor hat ein Bubenchor gesungen, aber so lieb und schön, Du hättest es hören sollen. Nur Menschen über Menschen (...) Zum Schluss war noch Te deum."*[447]

---

444 19471124 J
445 19470404 J
446 19470820 V
447 19500313 V

Einen gemeinsamen religiösen Anknüpfungspunkt bilden die von der katholischen Kirche nach 1945 forcierten „Kriegerehrungen" und „Heldenfeiern". Vilma aus ihrer NS-Affinität sowie der militaristischen und monarchistischen Familientradition, Josef aus seinem unmittelbaren Kriegserlebnis. Diese Soldatenehrungen zeigen, wie lebendig die nationalsozialistische Vergangenheit im Bewusstsein der Bevölkerung geblieben ist. *„Da bin ich neugierig, ob wir am Sonntag gemeinsam in die Kirche zur Heldenehrung gehen können. Mich würde es freuen. Ich habe ja auch so manchen guten Kameraden im Krieg verloren und muss Gott danken, dass er mich gesund in die Heimat zurückkehren und Dich, meinen lieben Sonnenschein, finden ließ."*[448]

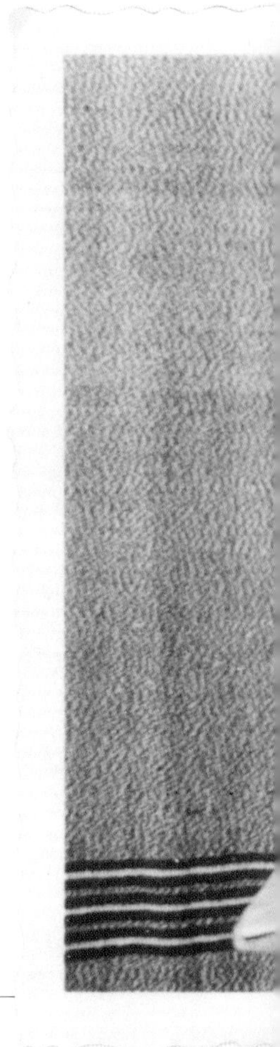

448 19471106 J

Josefs Eltern um Weihnachten 1939.

Szene beim ehemaligen Gasthaus „Zur schwarzen Maus" in Dambach bei Steyr. Juli 1941.
Josef sitzt beim Fenster an der Hauswand.

„Fangen wir halt wieder von vorn zum Sparen an“. Währungsreform und Bewältigung materieller Not

Vilma erzählt von einem Besuch bei ihrer 69-jährigen Mutter in Wien im Jänner 1950: *„Sie hat sich so gefreut auf uns gehabt. Dir wollte sie eine Mokkakanne voll mit Geld zum Zählen hinstellen. Du solltest die Häuflein machen und ich sollte sie zählen. Es waren lauter Schilling und Doppelschilling. 157 hab ich gezählt, die hat sie sich mühsam jede Woche weggelegt und da wollte sie das Lob dafür von uns hören. Einen Teil davon hat sie für uns gedacht, ich will ihn aber absolut nicht nehmen.“*[449]

449 19500108 V bzw. 19500110 J. 157 Schilling im Jahr 1950 entsprechen in etwa heutigen 132 Euro. Historischer Währungsrechner. A.a.O.

Am 13. Dezember 1945 wird die Schillingwährung wieder eingeführt, noch vorhandene Deutsche-Mark-Beträge können im Verhältnis 1:1 eingewechselt bzw. bestimmte Beträge von gesperrten Konten behoben werden.[450] Österreich muss aufgrund der Regelungen des Marshallplans bis 1952 die Wirtschaft sanieren. Als ein Schritt dazu tritt im Dezember 1947 das „Währungsschutzgesetz" in Kraft, der Schilling verliert zwei Drittel seines Wertes, was private Vermögensverluste durch diese De-facto-Abwertung bedingt.[451] Die Umtauschfrist ist mit zwei Wochen sehr kurz bemessen und verursacht auch bei Josef Enttäuschung, Frustration und – zumindest angedachten – Widerstand: *„Heute früh, als ich die vollendete Tatsache erfuhr, habe ich mich riesig geärgert und hätte am liebsten eine Demonstration veranstaltet. Du weißt doch selber, wie sorgsam wir unsere Kasse gehegt und gepflegt haben. Und ich kann es Dir ehrlich gestehen, dass ich in den vergangenen Monaten gespart und jeden Kreuzer zusammengelegt habe wie noch nie im früheren Leben und Du hast so mitgeholfen. Etwas über 2.000 Schilling hat unsere Kasse beinhaltet und nun muss so etwas daherkommen. (...) Doch das Raunzen nützt nichts, es geht nicht nur uns alleine so, sondern so vielen tausenden anderen auch, dass der ehrliche Sparer auch diesmal wieder der ist, der draufzahlt".*[452] Erst drei Jahre später, im Oktober 1950, wird sich aus dem 4. „Lohn-Preis-Abkommen" eine große Streikbewegung entwickeln.[453]

---

450 Kroupa, Wilhelm: Arbeiter in Wien. Ein Jahrhundertleben. Berlin 2011. 27. Und: Währungsreformen in Österreich – Wikipedia. (8.2.2021).

451 Rathkolb, Oliver: Die paradoxe Republik. A.a.O., 251.

452 19471120 J. 2.000 Schilling 1947 entsprechen etwa heutigen 4.220 Euro. Historischer Währungsrechner. A.a.O.

453 Bernt-Koppensteiner, Ines: Als man die Arbeiter im Stich ließ. In: Zeit die prägt. A.a.O., 260 ff.

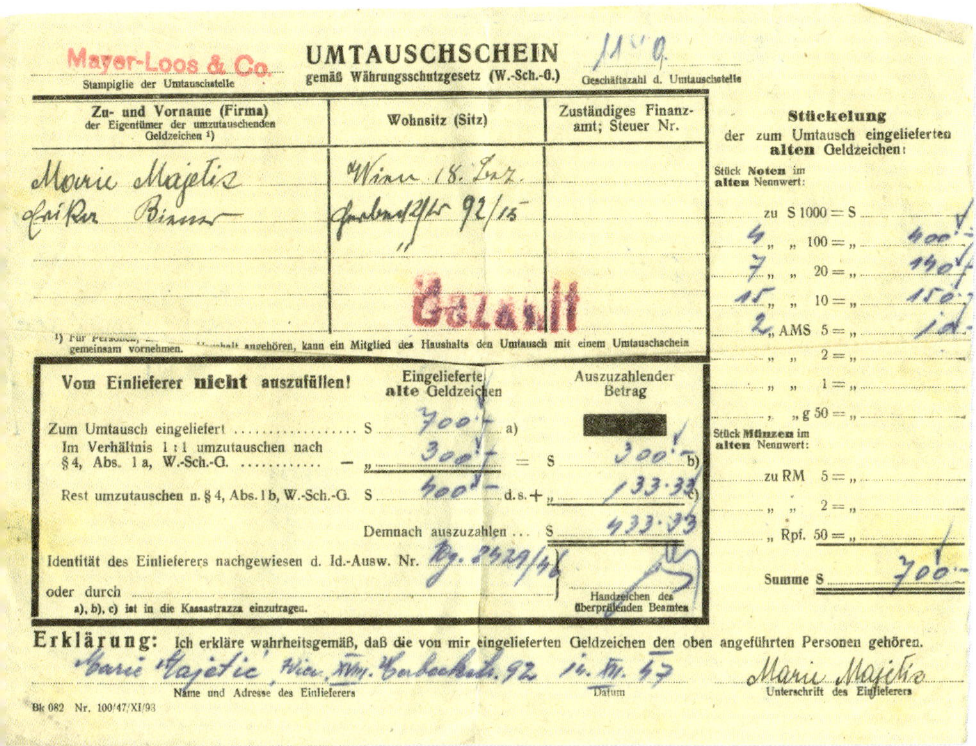

Mayer-Loos & Co.
Stampiglie der Umtauschstelle

UMTAUSCHSCHEIN
gemäß Währungsschutzgesetz (W.-Sch.-G.)

1159
Geschäftszahl d. Umtauschstelle

Zu- und Vorname (Firma) der Eigentümer der umzutauschenden Geldzeichen 1)	Wohnsitz (Sitz)	Zuständiges Finanzamt; Steuer Nr.
Marie Majetic	Wien 18. Bez.	
Erika Binner	Gerstnerstr. 92/15	
	"	

Gezahlt

1) Für Personen, ... Haushalt angehören, kann ein Mitglied des Haushalts den Umtausch mit einem Umtauschschein gemeinsam vornehmen.

Vom Einlieferer nicht auszufüllen!

	Eingelieferte alte Geldzeichen		Auszuzahlender Betrag	
Zum Umtausch eingeliefert	S 700.–	a)		
Im Verhältnis 1 : 1 umzutauschen nach § 4, Abs. 1 a, W.-Sch.-G.	– " 300.–	=	S 300.–	b)
Rest umzutauschen n. § 4, Abs. 1 b, W.-Sch.-G.	S 400.–	d. s. +	" 133.33	c)
	Demnach auszuzahlen …		S 433.33	

Identität des Einlieferers nachgewiesen d. Id.-Ausw. Nr. Kg. 8429/46
oder durch
a), b), c) ist in die Kassastrazza einzutragen.
Handzeichen des überprüfenden Beamten

Stückelung der zum Umtausch eingelieferten alten Geldzeichen:

Stück Noten im alten Nennwert:

	zu S 1000 =	S	
4	" " 100 =	"	400.–
7	" " 20 =	"	140.–
15	" " 10 =	"	150.–
2	" AMS 5 =	"	10.–
	" " 2 =	"	
	" " 1 =	"	
	" g 50 =	"	

Stück Münzen im alten Nennwert:

	zu RM 5 =	"	
	" " 2 =	"	
	" Rpf. 50 =	"	

Summe S 700.–

Erklärung: Ich erkläre wahrheitsgemäß, daß die von mir eingelieferten Geldzeichen den oben angeführten Personen gehören.

Marie Majetic, Wien, XVIII. Gerstnerstr. 92 — 14. XII. 47 — Marie Majetic
Name und Adresse des Einlieferers — Datum — Unterschrift des Einlieferers

Bk 082 Nr. 100/47/XI/93

Umtauschschein von Marie Majetič gemäß Währungsschutzgesetz vom 14. Dezember 1947.

„Es schmerzt zwar ein biss'l, doch es wird schon wieder gut werden. Aber ab Jänner heben wir uns alle Schillinge auf für die Hochzeit. Sollten wir spüren, dass vor dem Mai – was Gott verhüten soll – eventuell noch einmal so eine Abschröpfung, Verzeihung Abschöpfung heißt das, kommen sollte, dann heiraten wir früher."[454]

454 19471210 J

„Spare nicht, das Geld ist so auch kaputt!"[455] gilt für viele Menschen als Devise und in gewisser Weise auch als Lösungsstrategie. *„Etwas über 2.000 Schilling waren in der Kasse, für 400 habe ich heute noch allerhand gekauft. Nur nützliche Sachen, denn etwas Anderes kaufe ich auch jetzt nicht. Vater ist wegen dem Spiegel gelaufen, aber vergebens. Mutter lief Nachmittag alle Geschäfte ab – teilweise waren sie wegen übermäßigen Andrangs geschlossen – um ein Nudelbrett, auch umsonst. Nur Nudelwalker, eine Lade für das Esszeug und – jetzt haben wir einige Jahre genug – Kochlöffel und Holzsprudler brachte sie nach Hause. (...) Deine Schuhe sind auch schon da. Heute habe ich sie bekommen und auch gleich bezahlt, bevor der alte Schilling außer Kurs ist."*[456] Vilma sieht die Dinge von Teuerung und Inflation mit gewissem Humor und schreibt ironisch aus Wien: „(...) ich *ging dann die Herbeckstrasse hinunter aufs Platzl, schaute mir die Obst- und Gemüsestandeln an und freute mich über die wunderbaren Preise."*[457]

Einige Beispiele veranschaulichen nachfolgend den außerordentlichen Mangel, das Fehlen einfachster Alltagsgegenstände sowie die pragmatischen Bewältigungsversuche dieser Situationen:

- *„Ich stand heute früher als an anderen Samstagen auf. Um 7 Uhr ging ich schon aus dem Haus. Mein erster Gang war zum Arzt. Vom Arzt ging ich zur Sparkasse, vergeblich. Dann das dritte Mal zum Klein* (einem Bekleidungsgeschäft, J.S.), *auch umsonst. Nachher rannte ich einige Haushaltsgeschäfte ab. Gekauft habe ich: Schmarrnschäuferl, Schneerute und ein emailliertes Backwanderl zum Kuchenbacken. Geschirr hätte ich auch gesehen, aber nur auf Bezugsschein zu bekommen. Bezugsschein gibt es aber angeblich nur mit Trauschein. So wäscht eine Hand die andere. Hast Du ein Haushaltsbuch? Ich will damit versuchen, einen Geschirrbezugsschein zu bekommen."*[458]

455 19470816 V an Mutter Marie.
456 19471204 J
457 19480824 V
458 19470808 J

- *„Es ist halt in der heutigen Zeit ein Jammer mit der Bekleidung. Mit den paar Sachen, die man sich durch den Krieg durchgerettet hat, heißt es haushalten bis wieder etwas Neues zu haben ist."*[459]

- Badebekleidung wird selbst gestrickt. Riki schildert: *„Dann zog ich einen zweiteiligen Badeanzug an, den mir meine Schwester Vilma zu Weihnachten gestrickt hatte, der sich herrlich machte auf meinem jugendlichen, schönen Körper und meine Eitelkeit noch mehr anspornte."*[460]

- *„Heute Abend habe ich Deine roten Holzklapperl wieder in Ordnung gebracht, sind wirklich nett geworden. Wenn Du sie wieder anziehen wirst, ist der kalte Winter schon überstanden."*[461] Vilma antwortet: *„Meine roten Holzklapperl hast Du auch fertig! Du bist mir ein Mordskerl! Du legst Dir meine Ausdrücke zu mein Lieber: sind ganz nett geworden."*

- Vilma hat ihr Talent für Handarbeit in den klassisch, eher Frauen zugeordneten Fertigkeiten wie Schneidern, Stricken und Stopfen, das offensichtlich in der Familie liegt: *„Mama arbeitet momentan an Deinem blauen Hemd und ärgert sich, weil, wie ich den Reservekragen raufgenäht habe, ist er ihr gebrochen. Jetzt hat sie Dir vom Hinterteil (Deines Hemdes natürlich) ein Stückl herausgeschnitten und überzieht den Kragen damit!"*[462]

- *„Ich freue mich schon, wenn Du mir morgen unsere schöne Tischdecke zeigst. Auf die werden wir immer sehr stolz sein. Nicht nur wegen ihrer schönen Ausführung, sondern auch deshalb, weil sie uns immer eine Erinnerung an Deinen langen Aufenthalt in Weyer sein wird. (...) Da muss ich immer aufpassen und darf Dir keinen Kaffee auf dieses feine Gewebe patzen."*[463]

- Jeder gefundene Papierzettel ist ein Wertgegenstand, da die Anschaffung von Schreibpapier einfach zu teuer ist. Selbst die freie Rückseite eines im März 1950 an Vilma geschickten Briefes wird im Mai 1950 aus Papiermangel beschrieben und ein zweites Mal ins Briefkuvert gesteckt.

---

459 19470804 J
460 Jäckel, Erika (Riki): Wien I – Judenplatz 5. A. a. O., 11.
461 Ebenda.
462 19480826 V
463 19471106 J

- *„Nur schreibe ich mich momentan nicht sehr gut (Ich tue mir beim Schreiben schwer, J.S.), weil der Bleistift schon so klein ist. Bitte bring mir einen mit. Ich wollte mir einen kaufen, weil man aber schon 6 Schilling für einen verlangt"*[464] hat Vilma diesen Vorsatz aufgegeben. Im Vergleich dazu erhält Josef im November 1947, also in etwa zur selben Zeit, für den *„Anschluss eines Elektromotors ein Glas Most, 20 Zigaretten und 10 Schilling."*[465]
- Das Fehlen von Brennmaterial bezeugt nachfolgende Briefstelle: *„Ich schreib seit 14 Tagen auch immer meine Briefe am Rücken liegend, weil es mir beim Sitzen im Bett zu kalt ist. Das wirst Du sicher an meiner schlechten Schrift schon bemerkt haben. „Geh, hast' ohnehin nie schön geschrieben". Ist gar nicht wahr, ich hab' doch eine Schrift wie gestochen.* Was hast Du g'sagt?"[466]
- Es herrscht großer Mangel an Ersatzteilen aller Art, beispielsweise für das Fahrrad. Er müsse darauf achten, schreibt Josef, *„dass ich nicht zu viel in die Finsternis hineinkomme, mit meiner schlechten Bereifung."*[467]

Trotz materieller Not ist Josef hinsichtlich der geplanten Haushaltsgründung und der benötigten Einrichtungsgegenstände positiv gestimmt und zuversichtlich. Er schreibt: *„Es wird scho gehat werden. Wenn es auch nicht so ist wie früher, dass man nur mit dem Geld im Hosensack scheppern braucht und – ruckzuck- stand die fertige Einrichtung da, so werden wir doch auch etwas Schönes zusammenkriegen."*[468] Er besitzt – vielleicht geerbt vom Vater als Tischler – handwerkliches Geschick bei der Anfertigung unterschiedlichster Gebrauchsgegenstände, eben auch bei der Herstellung von Möbeln. Er hat aber auch eine Leidenschaft fürs „Basteln" filigraner, kunsthandwerklicher Gegenstände[469] sowie eine überdurchschnittliche Begabung für Zeichnen und Aquarellmalen.

---

464 19471103 V
465 19471106 J
466 19471027 J
467 19471129 J
468 19470809 J
469 Beispielsweise eine (erhaltene) Weihnachtskrippe mit dem Panoramaaquarell von St. Ulrich bei Steyr, mit dem Damberg und dem Schoberstein – Ort ihrer ersten Begegnung – im Hintergrund.

Für das „Heimwerken" mangelt es an den notwendigen Materialien, es fehlen selbst einfachste Utensilien, beispielsweise der Klebstoff.[470] Vor allem aber ist das Holz zum Zimmern von Möbeln nicht vorhanden: *„Ob ich Deinen Wünschen entsprechen kann, weiß ich noch nicht. Du weißt ja, Holz ist, so ironisch das auch klingt, in unserer waldreichen Heimat Mangelware."*[471] Eine im Werk als Verschnittrest übrig gebliebene Eternitplatte hat solchen Wert, dass Josef sie nach Hause „schmuggelt": *„Den heutigen Regen habe ich dazu genutzt, um sie unter meinem Mantel heimzutragen, sie ist größer als die alte."*[472] Seine Mutter *„versucht in der Apotheke wieder ein kleines Quantum Terpentin zum Lackverdünnen zu kriegen."*[473] Und er sieht *„für einen Kupferkessel schwarz. Denn so ein großes Stück Kupferblech kann ich beim besten Willen nicht auftreiben."*[474]

Im Fall von Josefs Bruder paart sich die Notlage mit dem persönlichen Schicksal als Kriegsinvalide, symbolisch aufgezeigt beim Binden eines Adventkranzes und dessen Kerzenschmuck: *„Morgen ist erster Adventsonntag. Franzl hat trotz seiner schlechten Hand*[475] *einen schönen Kranz gemacht. Leider müssen wir ihn heuer ohne Kerzerl aufhängen, da man nirgends welche kriegt. Armes Österreich!"*[476]

---

470 Syndetikon ist der Markenname eines seit 1880 hergestellten, vielfach benutzten Klebstoffes auf Fischleimbasis gewesen. Wird mehrfach in den Briefen erwähnt.

471 19470803 J

472 19470806 J

473 19471115 J

474 19470918 J

475 Resultierend von einer schweren Kriegsverwundung. Dadurch ist seine Mobilität stark eingeschränkt, weil *„die Autobusse immer so voll sind und da traut er sich mit seiner Hand nicht hinein".* 19500114 J

476 19471129 J

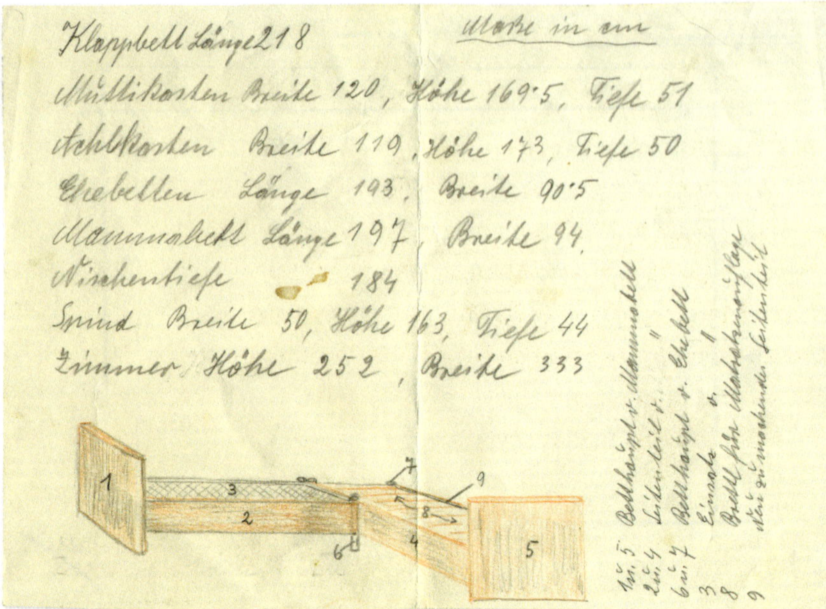

Josefs Bauplan für ein Klappbett vom 18. September 1947.

Für den Traum vom eigenen Schlafzimmer zieht Josef einen Vergleich mit der Tierwelt: „*Wir sollten halt zwei Tauben sein, dann wäre die Sache einfacher. Ein paar Strohhalme und ein bissl Spuckerling – fertig ist das Schlafzimmer.*"[477]

477 19470728 J

Und er sieht in seiner Fantasie sein selbst gelötetes Backblech bereits in vollem Einsatz: *„Ich habe auch heute wieder eine Kleinigkeit für uns angefertigt. Und zwar ein Backblech zum Kekse backen, wenn Du heimkommst. (...) Ich freue mich schon, wenn Dir einmal die Kekse anbrennen. Die kann ich dann essen, gelt? Ich habe ja die knusprigen Bäckereien so gern."*[478] Vilmas diesbezügliche Begeisterung geht gleich noch weiter und mündet in sehr detaillierten Fragen: *„Und Nesterl gebaut hast Du auch wieder? Du bist ja so brav und sorgsam wie eine Frau! Mit dem „Backwanderl" habe ich eine große Freude. Ist die Schneerute so wie besprochen? Und hast Du so einen Erdäpfelpresser bekommen? Und was für ein Geschirr ist das auf Bezugsschein? Emaille oder Porzellan?"*[479]

In ihrer Begriffswelt heißen all diese Tätigkeiten „Nesterlbau", sie nennen ihre zukünftige Wohnung *„ein kleines Paradies, in dem sich unsere Liebe ungestört von der Umwelt ganz entfalten kann."*[480] *„Am Donnerstagabend habe ich einem Bekannten im Münichholz in der Buchholzerstraße die Klingel repariert. Er hat zwar eine kleine, aber sehr nette Wohnung mit 4 Zimmern und der Balkon ist unter einem Eichenbaum, der Zins beträgt nur 24 Schilling, nicht viel Geld!"*[481] Josef setzt sich ein, um auch eine entsprechende Heimstatt für Vilma und sich zu bekommen: *„Und Ruhe werden sie von mir nicht früher kriegen bis wir unser Heim haben. Ich werde ihnen schon auf die Hühneraugen treten. Gebürtiger Steyrer, Heimkehrer, 13 Jahre im Betrieb und so weiter. Und wenn ich dann einmal heimkomme und sag: am Samstag wird eingezogen! Da seh' ich heute schon wie Deine Augen glänzen."*[482]

„Aber ich kann jetzt nicht mehr recht gut weiterschreiben, weil mir der vom Hobeln aufgewetzte rechte Daumen so weh tut."[483]

---

478 19470803 J
479 19470811 V
480 19470908 J
481 19470706 J. Entspricht in etwa heutigen 52 Euro. Historischer Währungsrechner. A. a. O.
482 19471205 J
483 19471115 J

Porträt des Komponisten Anton Bruckner. Bleistiftzeichnung von Josef Stockinger (1907–1971) in einem Heimatkundeheft aus der Volksschulzeit des Autors, 1970. Bemerkung der Lehrerin: „Sehr schön!"

„Zur Erinnerung von Deinem Bruder Franzl. 3.2.1942".

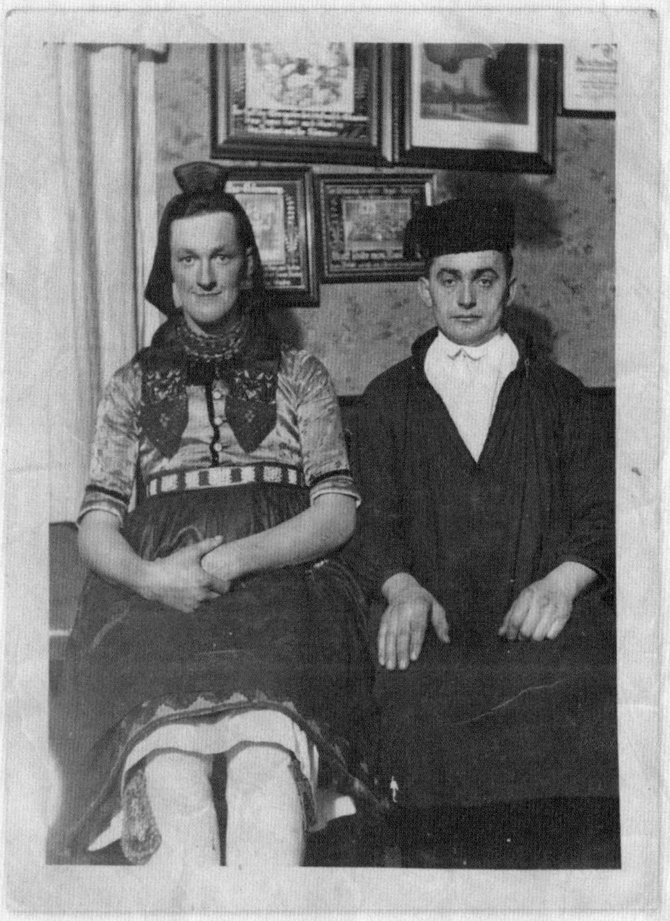

„Ich spiel dir die Fotzhobel-Sonate". Literatur sowie Musik- und Kinotage

„Die Leselampe gefällt mir gut bis auf die Mittelleiste im unteren Fach. Die Bücher stehen auch ohne diese, und wenn wir uns einmal zu einem Bücherkasten aufschwingen werden, ist das untere Fach illusorisch und wir könnten schöne „Nippsachen" reinstellen, glaubst Du nicht?"[484]

---

484 19470918 V

Selbst verfasste, oft trivial scheinende Gedichte als Poesie des Alltäglichen besitzen für Josef starke emotionale Bedeutung. Bereits seit seiner Jugend und in den Kriegsjahren verfasst er vor allem Dialektgedichte: *„Hast Du schon einmal meine Gedichte gelesen? Im Kasten im linken oberen Fach auf den Fotoalben liegen Notizbücher, da stehen einige Verserl drinnen. Wenn Du einmal ein wenig Zeit hast, kannst Du sie lesen"*[485], schreibt er im Oktober 1944 von der Kriegsfront an seine Mutter in Steyr.

Und er bindet seine meist schlichten, unmittelbar formulierten Alltagsgedichte als Auftakt in viele seiner an Vilma nach Weyer adressierten Briefe ein.

„Der Sommer kam, er geht vorbei
doch mir ist das alles einerlei.
Ist es im Spätherbst auch schon kühl
sind die Tage nicht mehr schwül,
kannst Du dann wieder bei mir sein,
scheint mir die Sonn' ins Herz hinein."[486]

Dies verstärkt sich im Zuge der sich rasant und dynamisch entwickelnden Liebesbeziehung. Er greift das Gestalten von Verszeilen, manchmal in humoristischem Sinn und (vielleicht) mit einem verschmitzten Lächeln, auf. Im September 1947 schreibt er:

„A Fräulein aus da Stadt
streicht sich die Lefzn rot on.
Da Stockingersepp sagt
Es graust eahm davon.
Hollodaridio … (es ist nicht von mir, sondern vom Stöger)."[487]

485 19441024 J
486 19470728 J
487 19470924 V. Sepp Stöger, Heimatdichter. https://steyrerpioniere.wordpress.com/2011/10/28/sepp-stoger/. (8.2.2021).

Für Vilma sind solche Reime anscheinend zu geschmacklos, denn sie antwortet umgehend: *„Fang mir, mein Lieber, nicht wieder zum Dichten an, sondern schreib mir lieber, was es sonst noch Neues gibt."*[488] Sie hat in ihrem kleinbürgerlichen Elternhaus Möglichkeiten für Literatur- und für Kunsterlebnisse erhalten. Und sie greift diese musischen Neigungen sowie ihre sprachliche Begabung jetzt entsprechend auf und bezieht Josef – den Lyriker Friedrich Hölderlin zitierend – in ihr geistiges Universum mit ein.

„Des Wiedersehens Tränen, des Wiedersehens
Umfangen, und Dein Auge bei Deinem Gruß,
weissagend möchte ich dies und all der
zauberischen Liebe Geschick Dir singen (Hölderlin)."[489]

Poesiebuch von Franziska Stockinger (geb. Bespaletz, 1878–1966). Samtimitat mit Messingemblem und -verschluss. 26 Blätter. Begonnen 1905 bis 24. November 1919.

488 19480927 V
489 19470705 V

Von Vilma kommen auch die Anregungen zum gemeinsamen Bücherlesen. Der Austausch über deren Inhalt ist eine wichtige Quelle ihres Zusammenfindens, die Literaturinterpretation öffnet den Blick auf persönliche Lebenseinstellungen, unmittelbare Alltagssituationen und Gemütsverfassungen. Josef muss, da ihm als einfachem Arbeiter schlichtweg die Möglichkeiten und die Zeit fehlen, erst seinen eigenen Zugang zum Lesen finden. *„Das schöne Buch, von dem Du mir schreibst, werde ich – obwohl ich sonst, wie Du weißt, kein passionierter Leser bin – natürlich lesen. Wenn Du mir ein Buch empfohlen hast, war es bis jetzt noch immer schön."*[490] Vilma antwortet: *„Ich freue mich, dass Du mir zuliebe so gerne liest. Oder tust Du es schon aus Dir selbst heraus? Das wäre wohl noch zu früh, aber ich bringe Dich schon noch langsam, aber sicher meinem Ziel näher".*[491]

„Was das Bücherlesen betrifft bin ich ein anderer geworden. Du brauchst mich nicht dazu nötigen oder aneifern, da ich schon selber auf den Geschmack kam. Ein gutes Buch zur rechten Zeit und in einer Dosis genossen, die man verdauen kann, wirkt (...) sehr beruhigend und wohltuend."[492]

490 19470728 J
491 19470824 V
492 19470827 J

Die Themen und Ereignisse aus Büchern werden als persönliche Zukunftsprojektionen und Möglichkeiten für die eigene Lebensplanung erwähnt. Die Empfehlungen und dialogischen Erörterungen sind oft situationsaktuell und stehen beinahe immer im Kontext ihrer Beziehung. *„Am besten von Deinem Schreiben hat mir der Ausspruch von Goethe und Deine Gedanken dazu gefallen. Du hast recht: wahre Liebe bleibt sich wirklich immer gleich, in guten und bösen Tagen, in Freud und Leid. Mit Sehnsucht im Herzen oder in innigster Umarmung. Schön ist das, eine Gnade von oben. Bei uns wird es immer so sein und bleiben."*[493]

Ähnlich verhält es sich mit dem Gedicht *„Ich such ein kleines Zimmer"*, 1942 entstanden, es existiert davon auch eine zeitgenössische Vertonung mit Orchesterbegleitung aus dem Jahr 1942.[494]

„Ich such ein kleines Zimmer
mit etwas Sonnenschimmer
und habe ich das gefunden,
dann kommen schöne Stunden.
Wir ziehen mit ein paar Sachen,
die uns das Leben schöner machen
ins kleine Zimmer ein
und wollen glücklich sein."[495]
(…)

In unmittelbarem Bezug auf die aktuelle Lebenssituation vermerkt Vilma: *„Das Lied wird Dir, von Maria Schmedes gesungen, nicht unbekannt sein. Was mir daran so gut gefällt ist der Text. Es ist fast so, als wär' es auf uns geschrieben worden."*[496]

Von Ende August bis Mitte November 1947 lesen sie gemeinsam den 600 Seiten starken, 1929 in Berlin erschienenen Roman „Der Kanzler von Tirol" von Hermann Schmid.[497] Dieser beruht auf historischen Tatsachen, spielt in der Zeit der Gegenreformation – der Verfolgung der „lutherischen Ketzer"

---

493 19470916 J
494 https://www.youtube.com/watch?v=e66RHymbzAE. (13.6.2021).
495 19470725 V
496 Ebenda.
497 https://de.wikipedia.org/wiki/Der_Kanzler_von_Tirol. (8.2.2021).

am Ende des Dreißigjährigen Krieges – und ist im Zeitgeist des 19. Jahrhunderts geschrieben. Im Buch werden die Gegensätze zwischen der damaligen katholischen Kirche, repräsentiert durch den Jesuitenorden, und den freien Tiroler Ständen geschildert. Landesherrin ist zwischen 1632 und 1646 die Erzherzogin von Österreich, Claudia von Medici, die als Regentin für ihren minderjährigen Sohn Ferdinand Karl das Land Tirol regierte. Sie wird von dem aus Württemberg stammenden Dr. Wilhelm Biener, einer der Hauptfiguren des Buches, als Kanzler tatkräftig unterstützt. Ihm gelingt es, die Einheit des Landes zu wahren. Neben einer politischen Komponente mischt sich auch eine (obligatorische) Liebesgeschichte dazu: *„Biener lag einerseits das Wohl des Landes Tirol am Herzen, dem er als ‚deutschnationaler Patriot' eine Zukunft nur im Verbunde mit dem Deutschen Reich zu sehen glaubte. Andererseits verliebte er sich unsterblich in die Herzogin Claudia von Medici. Claudia erwiderte seine Liebe, sie blieb jedoch unerfüllt, da beide darauf zugunsten des Landes Tirol verzichteten."*[498] Vilma formuliert: *„Mein ‚Kanzler' füllt mich auch voll und ganz aus (…), so ein gewaltiges Werk, das mich fast erdrückte. Ich habe ihn heute beendet. Setze jetzt mit dem Lesen aus, weil mir kein Buch gefallen würde, denn keines kommt ihm gleich."*[499] Auch Josef ist *„schon mitten im zweiten Kapitel. Das Buch gefällt mir sehr gut. Ich lese es daher mit Genuss."*[500] Aber, *„wenn das so weitergeht, dauert es noch ein paar Wochen, bis ich das Buch ausgelesen habe. Es ist nicht Interesselosigkeit, was mich nicht weiterkommen lässt, sondern die Zeit wird mir immer zu kurz am Abend. Ich bin jetzt bei dem Kapitel angelangt, wie der Landtag einberufen und dabei versucht wird, Biener zu stürzen. Ich habe für den Kanzler Partei ergriffen, weil er so ein aufrechter ehrlicher Mann ist."*[501] Und seine Interpretation geht noch weiter und bezieht sich unmittelbar auf ihre Lebenssituation: *„(…) schön ist es schon zu lesen. Es zeigt sich halt immer wieder, dass der ehrliche und aufrechte Mensch, so wie* (der Kanzler von Tirol, J. S.) *Biener einer war, für seine Gutheit und seine Leistungen, die dem Volke zugutekommen, nur Undank und Ungerechtigkeit erntet. Was der Kanzler mitgemacht hat das widerfährt vielen aufrechten Menschen. Aber seine junge Frau liebt er über alles mit seiner ganzen reifen*

---

498 Ebenda.
499 19470826 V und 19470827 V
500 19470904 J
501 19470924 J

Mannesliebe. Und sie geht aber auch für ihn durchs Feuer. So soll es in einer Ehe sein. Bei uns wird es auch einmal so werden. Ich weiß es. Und sollte Dir Annis Kartenaufschlägerin[502] *etwas Anderes voraussagen, dann kannst ihr sagen, dass sie eine dumme Gans ist. Und kannst ihr mitteilen, dass ich ihr das schriftlich gebe, meine Adresse auch noch dazu."*[503]

„Zu Hause habe ich bis jetzt gelesen und den ‚Kanzler' zu Ende gebracht. Lange hat es gedauert (…) und muss ehrlich gestehen: schön war dieses Buch. Ein treffendes Menschenschicksal. Bei der Rede von Biener vor seiner Hinrichtung sind Dir bestimmt einige Tränen über Deine Wangen gerollt. Gelt, ich habe es erraten!"[504]

Auch Josefs weitere Literaturrezeption hat immer einen eindeutig biografischen Bezug: *„Ich denke so viel an Dich und ob Du wohl an Deiner ‚Ursula und die Urne',* (vermutlich ein Buch über „Ursula von Köln"[505]) *weiterliest. Ich finde bei einem wirklich guten Buch ist das Lesen ein Genuss. Man vergisst darüber hinaus seine Alltagssorgen."*[506] Und *„gestern Abend habe ich den ‚Ural'*[507] *fertiggelesen. Es ist ein herrliches Werk. Man kann daraus besonders in einsamen Stunden, wenn man sich nach dem Menschen sehnt, der einem alles bedeutet, neue Kraft schöpfen. Nur schade, dass das Ende so traurig ist. So darf es bei uns nicht werden. Wenn es nicht anders geht, müssen wir – und tut es auch noch so weh – vorläufig auf ein Kind verzichten."*[508]

Sein Lieblingsschriftsteller ist der in dieser Zeit sehr populäre Peter Rosegger, ein *„Freund der Sommerfrische in idyllischer Landschaft."*[509] *„Ich habe schon als Bub immer so gern die Geschichten aus seiner Waldheimat gelesen. Besonders im Winter, wenn es draußen recht kalt war. Er schreibt so schön und zu Herzen gehend von seiner Heimat, (…), dass es fast genau eine Ähnlichkeit mit dem Uwe Karsten*[510] *hat, der doch auch seine Heimat so liebte."*[511] *„Als ich gestern Nachmittag beim Bauern arbeitete kam ich*

---

502 Details zu dieser „Wahrsagung" sind nicht überliefert.
503 19471103 J
504 19471107 J
505 https://de.wikipedia.org/wiki/Ursula_von_K%C3%B6ln#Literatur. (8.12.2020).
506 19470818 J
507 Details dazu nicht ermittelt.
508 19470822 J
509 Vergleiche bei: Hanisch, Ernst: Landschaft. A. a. O., 85.
510 Uwe Karsten. Heideschulmeister. 1920. Vergleiche bei: https://www.amazon.de/Heideschulmeister-Karsten-Roman-Felicitas-Rose/dp/B001BMRC08. (7.12.2020).
511 19470730 J

mir (eben) *so vor wie Peter Rosegger, als er noch ein Schneider war und bei den Bauern arbeiten ging. Die Sonne schien beim Fenster herein und vor dem Haus war die tausendjährige Linde hell von ihren Strahlen erleuchtet. Ein schönes Bild wie der Baum so dastand im Schmuck seiner herbstlichen Blätter. Es stimmt mich zwar etwas schwermütig, wenn ich so ein Blatt nach dem anderen zu Erde fallen sehe und das Sterben in der Natur betrachte. Wenn ich daran denke, dass das der letzte Herbst ist, den ich ohne Dich verleben muss und dass wir, ehe sich die Sonne zum zweiten Mal in ihrem Lauf wendet, schon immer beisammen sein können, dann werde ich wieder froh."*[512]

Vilma erwähnt den Roman *„Sonnenland, die Geschichte eines Arztes"*[513] von Walter Bloem, einem deutsch-nationalen Schriftsteller, der mit einer Gesamtauflage von zwei Millionen Buchexemplaren zu einem der meistgelesenen Autoren seiner Zeit zählt.[514] Sowie „Gottfried sucht seinen Weg"[515] von Erich August Mayer, 1940 bei der Büchergilde Gutenberg erschienen.

„Meine Augerl, weißt', die großen, fallen mir schon zu, und ich seh' die Buchstaben schon tanzen."[516]

512 19470730 J
513 19470818 V
514 https://de.wikipedia.org/wiki/Walter_Bloem sowie https://archive.org/details/bub_gb_MVYwAQAAMAAJ/page/n13/mode/2up. (beide am 8.2.2021).
515 19471030 V
516 19500313 V

Stadtkino in der Jägergasse (nahe Bahnhof) in Steyr 1952.

Der Heimatfilm ist *„jenes populäre Medium, das österreichische Mentalität und Lebensart darstellen sollte. Wie immer nach einem Krieg entstand ein Bedürfnis nach Vergnügen und Unterhaltung, nach Urlaub von der Geschichte. Dieses Bedürfnis befriedigte der Heimatfilm mit seiner radikalen Wirklichkeitsreduktion (…)."*[517]

„Gestern war das Kino wunderschön. Ich mag halt die Wessely so gern. Attila hat auch mitgespielt und ist noch sehr jung in dem Film. Vielleicht wird er oben (in Steyr, J.S.) *auch gespielt, dann schauen wir uns ihn an, gelt?"*[518]

517 Hanisch, Ernst: Landschaft. A.a.O., 53.
518 19480826 V

Nach der Befreiung Österreichs vom Faschismus kommt es vielfach zum Rückzug ins Unpolitische. *„Erlebtes* (kann) *vergessen werden. Damit brauchen nicht alle Beteiligten Verantwortung zu übernehmen und ehemaligen NS-Mitgliedern wird der Einstieg in eine vermeintlich neue Gesellschaftsordnung einfach gemacht."*[519]

Insgesamt haben Filme in der Nachkriegszeit – bei wenig sonstigem audio-visuellen Medienangebot – eine tiefgehende Wirkung. Josef bezieht die Filminhalte wieder, wie schon bei seiner Literaturrezeption, auf die unmittelbare Lebenssituation: *„Der Film ‚Jane Eyre'*[520] *war schön. Am Anfang ist mir die Handlung zwar etwas übertrieben vorgekommen. Aber nachher, als Jane Erzieherin wurde, war's wunderbar. Ein herrlicher Mensch ist dieses Mädchen gewesen. Manches in ihrem Wesen hat mich stark an Dich erinnert. Dieser Film zeigt wieder, dass man nicht gleich die Flinte ins Korn werfen darf, wenn's einmal irgendwo einen Haken hat. Sondern beharrlich sein, dann erreicht man das sich gesteckte Ziel."*[521]

Im September 1947 berichtet er über einen weiteren Film, dessen Drehorte Weyer und Kastenreith im Ennstal in unmittelbarem biografischen Kontext stehen. *„Das Herz muss schweigen"*, ein *„deutsches Filmdrama in Schwarzweiß aus dem Jahr 1944"*[522]. Das Lexikon des internationalen Films vermerkt zu Film und Regisseur: Ucicky, der während des „Dritten Reiches" ideologisch gefärbte Filme dreht, inszeniert auch dieses scheinbar unpolitische Edelmutsdrama im Stil der heroischen Ufa-Biografien.[523] Josef berichtet tief beeindruckt: *„Der Film war sehr schön. (...) Es handelt in der Zeit um 1900, in der die Röntgenologie in ihrem Anfangsstadium war. Ich kann Dir sagen, mich hat der Film sehr stark berührt. Besonders das Schicksal der Assistentin und des Gutsbesitzers aus dem Ennstal. Besonders mit letzterem fühlte ich stark mit, denn auch mir war manchmal im Spital ähnlich zumute als die Paula Wessely von ihm fortging, ohne den wahren Grund zu sagen. Auch an mein Gefühl, dass ich empfand, als Du mir in Weyer bei meinem ersten Besuch – wie wir am Waldrand saßen – sagtest: ich werde*

519 Petretto, Barbara: Sozialpolitische Maßnahmen. A. a. O., 18.
520 Roman der britischen Autorin Charlotte Brontë und ein Klassiker der viktorianischen Romanliteratur des 19. Jahrhunderts. https://de.wikipedia.org/wiki/Jane_Eyre. (22.11.2020).
521 19470809 J
522 URL: https://de.wikipedia.org/wiki/Das_Herz_muß_schweigen. (22.11.2020).
523 Ebenda.

Dich immer liebhaben. Aber wenn ich einmal ernstlich krank wäre, könnte ich es nicht verantworten, Dich zu gefährden. Daran wurde ich erinnert. Gott sei Dank ist diese böse Zeit, in der ich immer magerer wurde, vorbei. Ein zweites Mal könnte ich sowas nicht mehr durchmachen. Da wäre mir schon lieber, ich würde nicht mehr sein. Ich hätte Dir noch allerhand, wie soll ich sagen, allerhand Sachliches mitzuteilen. Doch für heute bin ich dazu nicht mehr in Stimmung und spät ist es auch schon. Meine Gedanken habe ich mir vom Herzen geschrieben. Daher sage ich Dir zu Deinem lieben Bild gewendet für heute gute Nacht".[524]

Wie in anderen Lebensbereichen lebt (versteckt) auch im Kulturbereich der nationalistische Einfluss weiter. Für Vilma erlaubt ein Kinobesuch 1947 einen Rückblick in die Lebenswelt ihrer Jugend im (nationalsozialistischen) Wien: *„Wieder einmal ein deutscher Film"*, konstatiert sie beispielsweise über „Am Ende der Welt". *„Es war sehr nett mit Brigitte Horney und Attila Hörbiger".*[525] Und über den englischen Kinofilm „Jane Eyre" schreibt sie als persönliche Anmerkung: *„Anfangs wirkt der Film bestimmt befremdend. Er ist ja auch keiner deutschen Idee entsprungen. Aber ansonsten ist er bestimmt 1a."*[526]

524 19470916 J
525 19470704 V
526 19470811 V

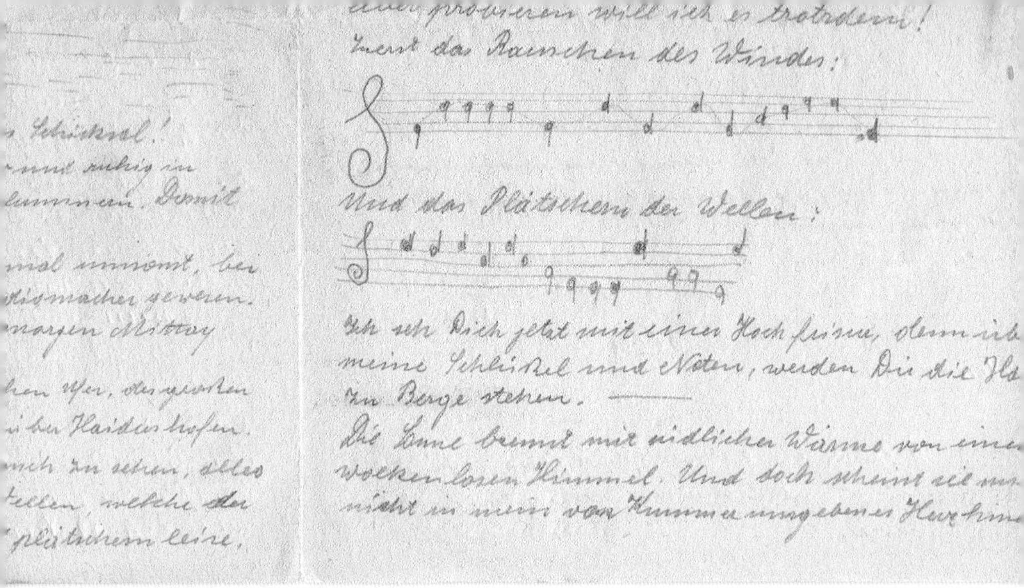

aber probieren will ich es trotzdem!
Zuerst das Rauschen des Windes:
Und das Plätschern der Wellen:
Ich seh Dich jetzt mit einer Hochfrisur, denn über meine Schlüssel und Noten, werden Dir die Ha[are] zu Berge stehen. ——
Die Sonne brennt mit südlicher Wärme von einem wolkenlosen Himmel. Und doch scheint sie mir nicht in mein von Kummer umgebenes Herz hin[ein]

s Schicksal!
und ruhig in
kummern. Damit
mal umsonst, bei
Kistmacher gewesen.
morgen Mittag
hen Ufer, des großen
bei Haidershofen.
ich zu sehen, alles
Wellen, welche das
plätschern leise,

Skizzen der Kirche von Haidershofen sowie Musiknoten: *„Zuerst das Rauschen des Windes:* (es folgen Notenzeilen). *Und das Plätschern der Wellen:* (es folgen Notenzeilen). *Ich sehe Dich jetzt mit einer Hochfrisur, denn über meine* (Noten)-*Schlüssel und Noten werden Dir die Haare zu Berge stehen".*[527]

„Weißt Du was: dann komme ich öfter zu Dir (ins Rehazentrum nach Weyer, J.S.) *und begleite Dich beim Klavierspielen mit meiner Mundharmonika. Ich bin ja auch musikalisch, nicht nur Du allein. Ich spiel dir einmal die Fotzhobel Sonate in ana Dur*[528]*".* Vilma antwortet: *„Weißt Du, worauf ich mich freue? Auf die Fotzhobel Polka in ‚ana Dur'. Die kenn ich noch nicht."*[529]

527 19470919 J
528 Im Sinn von dauernd, fortwährend. 19470927 J
529 19470927 V

Das Wissen um die Lieblingsmusik eines Menschen erlaubt Einblicke in die persönlichen Stimmungs- und Gedankenwelten. Lieder gehören zu den aussagekräftigsten Quellen der Mentalitätsgeschichte.[530] Vilma und Josef hegen eine gemeinsame Liebe zur Musik, wenn auch auf unterschiedlichen Ebenen.

Vilma nutzt die Zugangsmöglichkeiten zu klassischer Musik aus dem Elternhaus, lernt in ihrer Jugend Klavierspielen und freut sich immer über *„Partituren zu Mozarts Musikstücken".*[531] *„Mit Schrecken stell' ich fest, dass ich seit Samstag nicht mehr an Dich geschrieben habe. Schuld daran ist der verflixte Beethoven mit seinen wunderschönen Sonaten. Mir tut es so leid, dass Du nichts hören kannst. Gestern hat Else 4-händige Noten von daheim bekommen und wir haben mitsammen an einer Mozart-Sonate gearbeitet. Geht schon recht gut".*[532] *„Ich sitze momentan im Tagraum neben dem großen Bücherkasten und Ilse Sturm* (ihre Mitpatientin beim Reha-Aufenthalt in Weyer, J. S.) *sitzt am Klavier und spielt eine ganz brillante Fuge von Bach mit einer feenhaften Fingerfertigkeit. Es ist ein fabelhafter Genuss. Ich habe schon so lange keine gute Musik gehört. Heute wirkt sie auf mich ganz besonders beruhigend".*[533]

Josefs Zugang zu Musikinstrumenten bleibt auf seine – oft selbst gesungene Musik begleitende – Mundharmonika begrenzt. Die Vorlieben sind volksmusikalisch orientiert, klassische Musik wird als „schwer" und bedrückend empfunden: *„Während der Bahnfahrt nach Weyer da singen die Räder des Zuges immer eine lustige Melodie, ein lustiges Volkslied'l oder spielen mir einen flotten Walzer oder einen Landler dazu. Bei der Retourfahrt hingegen vermeine ich immer eine traurige Symphonie von J. S. Bach zu hören. Und bei jedem Schienenstoß höre ich die Worte: Wieder 14 Tage allein – wieder 14 Tage allein."*[534] Und beide tauschen sich diesbezüglich aus: *„Du sagst, dass Du schon lange keine gute Musik hören konntest. Ich sage Dir ganz ehrlich, ich denke jetzt ganz anders über Musik als früher, obwohl ich die schweren Sachen nicht so ganz verstehen kann wie Du. Wenn Du einmal zu Hause*

---

530 Hanisch, Ernst: Landschaft. A. a. O., 144.
531 19470918 V
532 19470908 V
533 19470917 V
534 19470909 J

bist, werden wir uns öfter mitsammen gute Sachen anhören, besonders in der schlechten Jahreszeit, wenn wir keine Ausflüge in die schöne frohe Natur und in unsere Berge machen können. Es ist auch bei uns – obwohl wir nur in einer mittleren Provinzstadt sind – öfter als Du ahnst Gelegenheit dazu. Erst heute las ich wieder in der Zeitung eine Kritik über solch eine Veranstaltung."[535]

Während der späteren Wienaufenthalte setzt sie ihren Zugang zur Hochkultur aus der NS-Zeit, in Bezug auf Opern- und Theateraufführungen, fort. Josefs Theatermöglichkeiten sind auf provinzielle Angebote beschränkt, denen er des Öfteren auch als Brandschutzverantwortlicher der Freiwilligen Feuerwehr zugeteilt ist.[536] Er sieht Gastspiele des volkstümlichen Bauerntheaters Cilli Löwinger, das bereits in der Zwischenkriegszeit im Steyrer Stadttheater gastiert hat.[537] Eine Goethe-Inszenierung beeindruckt ihn: *„Mein erster ‚Faust'. Obwohl mir diesmal unser lieber alter Musentempel – nach dem Besuch von Aida – etwas klein und ärmlich anmutete, hat mir das Stück selbst doch gut gefallen. Es hat einen sehr tiefen Sinn und es kommen darin auch Sprüche und Zitate vor, die ich schon öfters irgendwo und irgendwann gehört hatte."*[538] Und Josef ist ein genauer Beobachter. Als der Schwank *„Ein toller Einfall"* gegeben wird, merkt er an: *„Die Besetzung war sehr gut. Durchwegs neue, unbekannte Kräfte. Ich habe wirklich von Herzen lachen müssen. Das Stück würde Dir sicher auch gefallen haben."*[539] Vollends begeistert ihn die Theaterwelt allerdings nicht, denn als Alternative deutet er in diesem Brief an: *„Also, wenn im kommenden Jahr so schöne Herbsttage sind wie heuer dann bleiben wir an einem Sonntag nie zu Hause, sondern nutzen die Gelegenheit, um die Natur zu genießen. Bis dahin wird auch wieder Benzin zu haben sein, dann machen wir eine schöne Motorradtour. Ich weiß so viele schöne Plätze, die wir aussuchen müssen, da werden Dir die Guckerl glänzen."*[540]

In Josefs Gedankenwelt besteht ein enger Zusammenhang zwischen Musik – und seiner mangelnden Kenntnis davon –, der Natur und seinem

535 19470827 J
536 Er war bis 1957 aktives Mitglied der Freiwilligen Stadtfeuerwehr Steyr, Dienststelle Sierninger Straße. (Freiwillige Stadtfeuerwehr, Schreiben an Josef Stockinger vom 12.4.1957).
537 Točičnik, Raimund: Leben zwischen Glauben, Hoffnung und Abgrund. A.a.O., 219.
538 19470706 J
539 19471006 J
540 19471024 J

momentanen Befinden. *„Und jetzt sitz ich am nördlichen Ufer des großen Stausees ungefähr 2 Kilometer gegenüber Haidershofen.*[541] *Weit und breit ist kein Mensch zu sehen, alles ist still und ruhig. Nur die Wellen, die der heiße Südwind ans Ufer rollt, plätschern leise und hie und da ist eine Grille zu hören. Vogelgezwitscher ist nicht zu vernehmen. Entweder ist es den Vögeln zu heiß oder sie sind auch so traurig wie ich, dass sie das Singen nicht freut. Vielleicht wissen sie auch ihr Lieblingsvogerl irgendwo krank, so wie ich das meine. Wenn ich ein Tondichter wäre, würde ich Dir jetzt das Rauschen des Windes und das Geplauder der Wellen zum Spielen auf dem Klavier vertonen. Aber leider kann ich das nicht. Zu meiner Schande muss ich gestehen, dass ich nicht einmal die Noten beherrsche. Es wäre höchste Zeit, dass Du mir einmal Unterricht gibst in diesem Fach. Wenn es einmal einen Besuchstag verregnet".*[542]

„Das Jahr vergeht, die Zeit verrinnt
und plötzlich über Nacht
deckt das Heimatland mit Schnee und Eis
des Winters weiße Pracht."[543]

„Diese sinnigen Gedanken aus einem bekannten Tirolerlied, welches wir bei den Gebirgsjägern oft gesungen haben, sind mir heute in der Früh eingefallen als ich noch etwas schlaftrunken aus dem Haus trat und die alten vertrauten Giebeldächer mit einer Schneehaube eingehüllt sah. Es war ein schönes Bild. Unwillkürlich überkommt einem bei so einem Anblick eine Art weihnachtliche Stimmung. Plötzlich über Nacht heißt es in dem zitierten Lied. So manches kommt unvorhergesehen. Auch das Glück, das zwei Menschen, die voneinander keine Ahnung haben, zusammenführt."[544]

Solche und ähnliche Liedtexte werden im militärischen Kontext gern verwendet und bauen ganz bewusst auf dem Mythos der Berge und dem Bezwingen der Gipfel auf, *„die Alpenideologie* setzt *den Kampf um den Berg mit dem Kampf an der Front gleich."*[545]

541 Im Wald von Hainbuch ist auch einer der „Kraftplätze" des Autors.

542 19470919 J

543 Das Original lautet: *„Das Jahr vergeht, die Zeit verrinnt / Und leise über Nacht / deckt's Heimatland in Berg und Tal / Des Winters weiße Pracht. Zu einem kleinen Hüttlein / führt die Spur von meinem Ski. / Und abends tönt vom Berg ins Tal / ganz leis die Melodie."*

544 19471118 J

545 Hanisch, Ernst: Landschaft. A. a. O., 148.

Interieur einer Wohnung in Steyr-Münichholz, um 1960.

Familie vorm Radio 1959.

„Einen Radio wie im Märchen. Wenn es nur in Erfüllung geht!"[546]

Die authentische Radiobestellung

„Wenn mich nur der mit dem Radio nicht wieder auf ein anderes Mal vertröstet. Ich hab' so ein ungutes Gefühl und ich kriegat einen Zorn und in meinen Augen würde er sich zum Buben dekradieren. Ein Mann, ein Wort heißt's! Ich hab' es zumindest immer so gehalten."[547]

546 19470729 V
547 19470703 J

Der Zweite Weltkrieg ist der erste der Menschheitsgeschichte, in dem Rundfunkpropaganda große Teile der Bevölkerung beeinflussen kann und das Radio zu einem mächtigen Instrument der öffentlichen Meinungsbildung im nationalsozialistischen Sinn wird.[548] Radiohören ist ausschließlich mit dem sogenannten Volksempfänger erlaubt, der ein Abhören von „Feindprogrammen" aus Straßburg oder Moskau technisch nicht zulässt. Der verfügbare Wellenbereich erreicht nur das Programm des verstaatlichten deutschen Rundfunks. 1938 werden Steyrer Kommunisten zu einem Jahr Gefängnis verurteilt, weil sie in einer Wohnung im Wehrgraben antifaschistische Radiosender hören.[549]

Nach 1945 hat bei vielen Verliebten ein eigener „Rundfunkapparat" auch als musikalischer Begleiter romantischer Stunden der Zweisamkeit einen hohen Stellenwert. *„(...) Abends, wenn's finster wird, erzähl ich Dir dabei schöne Märchen. Gern werden wir uns haben immer und immer mehr."*[550] Und „Radiohorchen" wird zu einem fixen Ritual mit festgelegter Platzzuordnung: *„Übrigens ist es im Zimmer jetzt ganz ruhig, nur das Ticken der Uhren und mein Schreibgeräusch ist hörbar. Und im Geiste sehe ich Dich am Lieblingsplatz im Betterl beim Radio sitzen."*[551]

„Ist es draußen riesig kalt,
gehen wir ins Betterl bald.
Liegen dann so Hand in Hand
und fühlen uns wie im Märchenland.
Um uns ist es still, herrscht Ruh'.
Nur das Radio singt uns ein leises Lied dazu."[552]

„Mit Deinem Brief habe ich so viel Freude wie selten mit einem. Zwei schöne Gedichte putzen wieder den ganzen Brief auf. Im zweiten Gedicht heißt es so schön: ‚Um uns ist es so still und es herrscht Ruhe'. Das glaube ich nicht, denn unsere Nachbarin heißt S., Du wirst sehen, wir werden uns grün und blau ärgern mit ihr."[553]

---

548 Vergleiche auch: Braig, Marcel: Das Radio, ein neues Medium zur Propagandaverbreitung im Nationalsozialismus. Universität Zürich 2008. – Ende April 1945 nimmt auch die RAVAG (Radio Wien) ihren Betrieb wieder auf. Ab 6. Juni 1945 der US-Sender „Rot-Weiß-Rot" in Linz/Salzburg. https://www.hdgoe.at/ravag. (19.12.2020).
549 Information von Herrn Otto Treml vom 12.6.2021.
550 19470728 J
551 19480829 J
552 19471016 J
553 19471019 V

Vilma und Josef beim Durchblättern einer Illustrierten im Winter 1965.

Die Informationsvermittlung zu tagesaktuellen und politischen Themen findet neben der Nutzung von Radio und den Möglichkeiten im Kino auch durch „Wochenschauen"[554] statt. In sogenannten OP (= Ohne-Pause)-Kinos wird das damalige Infotainment in den Alltagsablauf eingebaut. *„Ich hab' im Vorbeigehen mir die Wochenschau im OP am Graben* (in Wien, J.S.) *angeschaut."*[555]

Weiters spielen Printmedien, Zeitung und Zeitschriften in den unmittelbaren Nachkriegsjahren eine – im Vergleich zu heute – ungleich wichtigere Rolle. Im Familienhaushalt wird gelegentlich das „Kleine Blatt"[556], die „Oberösterreichische Wochenzeitung"[557] und die „Bunte Illustrierte" gelesen. Die (christlich-sozial orientierte) Steyrer Zeitung gilt samt der Beilage als Leibblatt (…)". Josef widmet sich gern der „Auflösung des Preisausschreibens."[558] „Die Zeitungen heb ich Dir alle auf. Sind sehr schöne Sachen darinnen. Gewonnen haben wir nichts."[559]

554 Sie sind die Vorläufer der Fernsehnachrichten. Siehe: Geschichte der Kino-Wochenschau (historisch-politische-bildung.at). URL: https://historisch-politische-bildung.at/medienmanual/fachwissenschaftlicher-teil/geschichte-der-kino-wochenschau/. (25.2.2021).
555 19480824 V
556 19470722 V
557 19470927 V. Unter diesem Titel bei https://anno.onb.ac.at/alph_list.htm#O nicht eruiert. (25.2.2021).
558 19500514 J
559 19500114 J

Neben einem Radio ist auch die Anschaffung von Möbeln in der Nachkriegszeit ein gravierendes Problem. *„Der Bettenmacher hat noch nichts von sich hören lassen. (...) Ich werde im Telefonbuch nachsehen, ob ich ihn finde und wenn er bis Freitag kein Lebenszeichen gibt, rufe ich ihn an. Ich will Klarheit haben. Ich glaube aber kaum, dass er mir jetzt vor dem Umtausch*[560] *Geld annimmt."*[561] Das Bett wird schließlich aus Wien geholt, es gelingt nicht, es in Steyr zu erwerben. *„Die Anschrift von der Wiener Übernahmestelle für Auer* (einer Steyrer Speditionsfirma, J.S.) *habe ich schon. Es ist ein Spediteur in der Inneren Stadt. Vater hat sich heute erkundigt. Das ist sehr günstig. Da können wir hingehen und das Bettabholen veranlassen. Es wird scho gehat werden."*[562]

„Ich bin jetzt so eigenartig. Wenn ich irgendwo etwas sehe, besonders ein Möbelstück oder einen Haushaltsgegenstand, möchte ich ihn am liebsten nach Hause tragen. Mich überkommt immer so eine innere Befriedigung, wenn ich irgendwas – und wenn es auch nur eine Kleinigkeit ist – für uns ergattern kann. Am liebsten würde ich es so machen wie es im „Sonnen Roman" zu lesen war: eine Wohnung einrichten, damit wenn Du heimkommst, schon alles fertig ist. Das wäre halt was. Leider gibt es so etwas momentan nur in den Romanen. Vielleicht hast Du in der Möbelfabrik (in Weyer, J.S.) *irgendetwas erreichen können. Am Ende muss ich nächstes Mal schon ein Küchenkastl im Rucksack mit heimnehmen. Da muss aber dann meine kleine Köchin auch gleich mitkommen."*[563]

Zwei weitere Möbel-Anekdoten sind uns überliefert:

„Mein lieber Bua, SOS!
„Ja. Was ist denn gschegn?"
S'Bett ist durchbrochen.
Ui jegerl ! Des muaß i heit auf'd Nacht richten, gell?
Ja bitte![564]

560 Gemeint ist die Währungsreform vom Dezember 1947.
561 19471014 J
562 19471127 J
563 19470822 J
564 19480121 V

Und *„Darf ich Dich sekkieren?" „Ja, aber nicht viel". „Ich möcht zwei Fauteuils haben. Bitte, bitte frag jemanden um sowas, ja?"*[565] Weil *„mein Fauteuil* (den Vilma in einer Auslage in Wien gesehen hat, J.S.) *ist schon weg, ich hätte ihn mir ganz gern einfach noch einmal angeschaut."*[566]

Den Tisch fürs Radio zimmert Josef selbst. *„Von 10 Uhr Vormittag bis ½ 8 Uhr abends habe ich daran herumgedoktert. Und nun halte Dich fest! Der Tisch steht fertig im Zimmer. Nur der Boden und der Knopf von der Schublade fehlen noch, (...) übernächste Woche wird es dann ausgekittet, mit Glaspapier abgerieben und das erste Mal lackiert."*[567] Und das dazu passende *„schöne Deckerl (ist) auch schon fertig! Du bist ja allerhand, was Du für ein Tempo einschlägst. Muss ich doch trachten, dass das Tischerl auch bald fertig wird. Vor Weihnachten noch, gelt."*[568]

Die Odyssee des Radiokaufs zieht sich beinahe drei Monate hin. *„Und zum guten Schluss hat mich der gute Radio Onkel neuerdings wieder sitzen lassen. Ich traf nur seine Frau zu Hause an, sie entschuldigte ihren Mann mit der Begründung, er habe nach Linz fahren müssen, da ihm einige Bestandteile ausgegangen sind. Sie bekommen ihren Radio ganz sicher und der Kostenpunkt bleibt gleich, sagte sie. Ich soll in 14 Tagen wieder hinschauen."*[569]

„Heute will ich Dir ein Geheimnis lüften. (Herr) *Anzinger versprach mir am Sonntag, diese Woche den Radio fertigzustellen. Und er hielt diesmal sein Wort. Heute Nachmittag rief er an, dass ich abends kommen soll* (um) *den Apparat abzuholen. Natürlich war ich pünktlich zur Stelle. Wir haben ihn gleich ausprobiert, dann zahlte ich und brachte ihn in Dein Zimmer wo er um 19:45 Uhr das erste Mal spielte. Der erste Sender, den ich einschaltete, war ein italienischer und das erste Lied, welches ertönte, war eine Arie aus einer italienischen Oper. (...) er hat ein schönes Stück Geld gekostet und hat in unserem Geldbeutel ein anständiges Loch gerissen. 980 Schilling sind für uns anständige Leute, die sich jeden Groschen ehrlich verdienen müssen, auch heute noch keine Kleinigkeit."*[570]

565 19471022 V
566 19480828 V
567 19471115 J
568 19471027 J
569 19470906 J
570 19470922 J. Entsprechen einer heutigen Kaufkraft von rund 2.070 Euro. Historischer Währungsrechner. A.a.O.

„Obwohl ich eine große Freude hatte, den Apparat zu bekommen, stellte ich trotzdem fest, dass die Radiomacher, genau wie die Uhrmacher, große Spitzbuben sind. Denn Wort halten in puncto Preis können sie nicht. Als ich Sonntag bei ihm war sagte er: Herr Stockinger mit ihrem Radio sieht es finster aus, der Tischler kann mir den Kasten nicht lackieren und außerdem kostet der Apparat um 850 Schilling mehr, da die Preise der Bestandteile weiter gestiegen sind. Um den vereinbarten Preis kann ich ihnen nur einen Zweilampen-Apparat liefern. 1.800 Schilling waren mir dann doch zu viel, also blieb nichts anderes übrig, als den um 980 Schilling zu nehmen. Wenn ich woanders einen bekommen hätte, würde ich ihm etwas gepfiffen haben. Doch es ist wirklich nichts zu kriegen."[571]

„Spielen tut er, mit einem Stück Draht an der Wasserleitung angeschlossen, ganz gut. Eine Hochantenne wäre natürlich viel besser. Wenn wir einmal eine Wohnung haben[572] *baue ich dann einmal eine. Ein paar kleine Mängel musste ich feststellen. Fürs erste ist mir der Kasten ein bisserl zu licht ausgefallen, das lässt sich später einmal dunkel färben. Zweitens ist die Anschlussschnur etwas kurz und drittens fehlt der Schalter zum Ausschalten. Er konnte mit besten Willen keinen auftreiben, das glaube ich ihm. Ich mache selber, wenn wir ihn dann benutzen, einen hinein."*[573]

Vilma freut sich zwar auch sehr über das Radio, *„hat er doch einmal Wort gehalten",* ärgert sich aber über Qualität und den verlangten Preis. *„Besonders wegen des Ein- und Ausschalters kann ich mich ärgern. Aber das macht nichts, Freude habe ich doch damit, wenn wir ihn zum ersten Mal ausprobieren werden. Das wird ein feierlicher Augenblick werden. Dann setze ich mich ganz eng zu Dir und wir werden gemeinsam schöne Musik hören, ja?"* Sie stellt sich diese Situation ganz bildlich und konkret – *mit „irgendeine(r) Keramikschüssel mit Obst, Keksen oder Bonbons"*[574] – vor.

---

571 19470922 J

572 Josef lebt im Alter von 40 Jahren bei seinen Eltern, in einem gemeinsamen Zimmer mit seinem 30-jährigen Bruder. Er schildert: *„Heute in der Früh wollte ich etwas länger schlafen. Doch als mein Bruder um 5:30 Uhr aufstand – um 6 Uhr muss er ja im Dienst sein – wurde ich auch wach und konnte nachher nicht mehr richtig einschlafen."* 19471115 J Beziehungsweise später mit Vilma im sogenannten „Ledigenheim", Gablerstraße 55.

573 19470922 J

574 19470924 V

„Aber sei es wie immer, die Hauptsache ist, dass wir in puncto Radio von keinem fremden Menschen mehr abhängig sind. Wenn wir im Bett liegen, werden wir uns schöne leise Musik einschalten, keine Tingel-Tangel-Lieder oder etwas Schweres. Du wirst mir dabei, wenn nötig, eine Aufklärung geben – über Musik."[575]

575 19470922 J

OUTRO

Die Familie gilt als ein wesentlicher Bestandteil des gesellschaftlichen Reproduktions- bzw. Erhaltungsprozesses. Die konkrete Gestaltung der Familienverhältnisse und die Funktionen von Familien hängen vor allem vom (wirtschaftlichen) Entwicklungsstand einer Gesellschaft und der klassenspezifischen Ausprägung und den damit verbundenen Möglichkeiten ab, schreibt der Historiker Josef Ehmer sinngemäß.[576]

---

576 Vergleiche bei: Ehmer, Josef: Familienstruktur und Arbeitsorganisation. A.a.O., 8.

Wenn einzelne Lebensgeschichten dargestellt werden, so sind darin, in Anlehnung an die Supervisorin Anja Cantzler[577], immer fünf zentrale Elemente zusammengefasst:

- Sie enthalten immer Allgemeines und Spezielles. Sie erfassen zum einen das individuelle und persönliche Erleben, geben aber gleichzeitig auch Auskunft über das gesellschaftliche Umfeld und die allgemeinen Rahmenbedingungen.
- Biografien werden zunächst immer von körperlichen, den Verstand betreffenden und emotionalen Dimensionen bestimmt.
- Die Lebensbeschreibungen sind bedeutungsstrukturiert, d. h. das Leben eines Menschen ist geprägt durch unterschiedlichste Ereignisse. Und ob dieses Ereignis bedeutsam für die einzelne Person ist – positiv wie negativ –, ist individuell vom jeweiligen Menschen und dessen Erfahrungen abhängig.
- Viertens basieren persönliche Lebenswelten auf zusammenhängenden Aufschichtungen und Erfahrungen. Persönliche Entscheidungen werden vor dem Hintergrund dessen getroffen, was bis zu diesem Zeitpunkt passiert und der entscheidenden Person bis dahin bekannt ist.
- Und der jeweilige Lebensweg ist (abschließend) ein prozesshaftes Gebilde, ständiger Veränderung und Weiterentwicklung unterworfen.

All dies versuchte ich bei dieser Reise durch die Lebenswelten der Familie zu berücksichtigen und nachzuzeichnen.

577 Cantzler, Anja: Möglichkeiten der Auseinandersetzung mit Biografien. Abrufbar unter URL: https://www.kita-fachtexte.de/de/. (7.8.2021)

Die Familie Stockinger ca. 1967.
Die Eltern mit Hildegard (*1950), Gottfried (*1952) und Josef (*1961).

Die in vielen Familien vorhandene und besorgte „Tante Mitzi" schreibt zu Weihnachten 1950: *„Hoffe, ihr seid alle gesund. Anbei ein kleines Weihnachtsgeschenk für das Mäderl, das Kleiderl wird bis im Sommer schon passen. Sie kann das Rockerl auch ohne Bluse tragen, das Hoserl mit Rockerl als Spielanzug. Hoffentlich passt auch Deine Hose, leider war von diesem so warmen Schafwollstoff momentan nichts mehr zu haben. Aber laut Foto bist Du ja dünn geworden.*

Herzliche Grüße Tante Mitzi

Viele tausend Bussi."[578]

578 19501220. Weihnachtsbillett von Maria Božek an Vilma.

Vermutlich aus Anlass der Pensionierung von Josef 1967.

Nach der Lektüre dieses Buches hätten Vilma und Josef vielleicht eine Pause gemacht und das ganze Gesicht zu dem Lächeln geformt, welches ihre große menschliche Wärme ausstrahlte. Die im Korb bereitliegende Flasche geöffnet und auf ihr so mutig gestaltetes Leben zurückgeblickt. Im Juni 2021 sagt Riki spontan zu diesem Foto: *„Die Jahre sind vergangen, die Liebe blieb bestehen wie am ersten Tag. Ein Beispiel zum Nachahmen."*[579]

Danke für Euer Aufopfern.

579 Gespräch mit Erika Jäckel am 23. Juni 2021.

AUTOR

Josef Stockinger, 1961 in Steyr geboren, promovierter Historiker und Politologe. Mitarbeiter im Museum Arbeitswelt Steyr, beteiligt an Konzeption und Aufbau der Oberösterreichischen Landesausstellung 1987, „Arbeit, Mensch, Maschine". Daran anschließend Leiter eines regionalen Forschungsprojektes der Österreichischen Akademie der Wissenschaften zur „Erwachsenenbildung in Oberösterreich". Seit 1988 im Bereich „Beruflicher Aus- und Weiterbildung" sowie „Beruflicher Rehabilitation von Menschen mit Behinderungen" tätig.

Herausgeber des Sammelbandes „Zeit die prägt" zur Steyrer Sozialgeschichte und anderer regionalhistorischer Publikationen. Gründungsmitglied des „Mauthausen Komitee Steyr".

Jüngster Sohn von Vilma und Josef.

BIOGRAFISCHE ORIENTIERUNGSTAFEL[580]

INTRO. AUS DEM BESITZ DER ELTERN – EINLEITUNG UND EINSTIEG

Josef (1907–1971)	Vilma (1921–2010)
Seine Lebensgeschichte bis März 1946	Ihre Lebensgeschichte bis März 1946
Dem tiefen Vergessensein entrissen Josefs Wurzeln väterlicherseits in Marbach an der Donau, dem nahen Auratsberg / Gottsdorf bzw. Hermannsdorf bei Budweis, fünf Generationen zurückreichend bis Lukas (*1726) und Rosalia (*1744). Mütterlicherseits kann der Stammbaum bis zu Florian und Maria-Anna Edlinger (1791–1849) in Windischgarsten bzw. zu Thomas und Anna Bezpalec, aus Černovice u. Tábora in Südmähren, zurückverfolgt werden.	**K. und k. Hofzimmerpolier und böhmischer Schneidermeister.** Vilmas Großvater väterlicherseits ist Daniel Majetich (*2.4.1834), er stammt aus Gornji (= Ober) Kosinj nahe Gospić in Kroatien. Ihr Vater Rudolf ist dort heimatberechtigt. Mütterlicherseits sind die Wurzeln in Wien-Hietzing und Oberregging bei Ybbs an der Donau bzw. bei einer Frau Johanna Muzik als Enkelin des Wenzel Linhart in Alt-Posciechovo und Neuhaus in Südböhmen sowie in Laxenburg.
Im Strudel kapitalistischer Depression. Kindheit im Ersten Weltkrieg in Steyr. Schulzeit und Elektrikerlehre bei der Firma Kammerhofer bis 1924. Die erlebten sozialen und wirtschaftlichen Krisen im Steyr der Zwischenkriegszeit.	**„Kraft durch Freude"-Pfingstausflug** Kindheit und Schule in Biedermannsdorf bzw. im nahen Mödling bis 1937. Berufseintritt im Juni 1938 als kaufmännische Angestellte der Finanzabteilung bei Steyr-Daimler-Puch AG. Ihre Jugendzeit in Wien bis 1945. Berufsbedingter Wechsel nach Steyr im Dezember 1945.
„Wenn wir nur alle den Krieg überleben". Sein Kriegsdienst bei der Deutschen Wehrmacht ab März 1943 in Frankreich, anschließend in Nordfinnland. Entlassung aus britischer Kriegsgefangenschaft im September 1945.	

AM GEMEINSAMEN LEBENSWEG (AB APRIL 1946)

„Ich will mit dir plaudern".
Das Kennenlernen im April 1946 am Weg auf den Schoberstein im Ennstal.
Vilmas Aufenthalt infolge diagnostizierter Lungentuberkulose im Reha-Zentrum Weyer von Juni bis Dezember 1947.

„Die Butter am Brot marschiert nur im Geiste mit".
Der Speisezettel im Nachkriegsösterreich 1947 bis 1950.

„Nun bist Du meine kleine Frau geworden".
Die Verlobung im August 1947 und die Hochzeit im Mai 1948.
Eine Charaktereinschätzung von Josef (1907–1971) aus psychiatrischer und psychotherapeutischer Sicht.

„Wir wissen, dass nichts von ungefähr kommt".
Ein Blick auf weltanschauliche Sichtweisen und Einstellungen.

„Fangen wir halt von vorn zum Sparen an".
Persönliche Reflexion der Währungsreform 1947.
Gemeinsame Bewältigung materieller Not.

„Ich spiel Dir die Fotzhobel-Sonate".
Die Einbettung von Kultur in den Alltag.
Rezeption von zeitgenössischer Literatur, Theater, Musik und Kinofilmen.

„Ein Radio wie im Märchen".
Von der Schwierigkeit der Haushaltsgründung und Beschaffung von Einrichtungsgegenständen.
Der Kauf eines „Rundfunkempfängers" steht an oberster Stelle der persönlichen Wunschliste.

580 Unterstützung der Informationsauswertung durch eine vom Autor aus unterschiedlichsten Quellen erstellte Datenbank im Ahnenforschungsprogramm „Ages 2.1.0".

QUELLEN- UND FOTONACHWEIS

SCHRIFTLICHE QUELLEN UND BIOGRAFISCHE DOKUMENTE (SAMMLUNG JOSEF STOCKINGER)

Abschrift aus dem Soldbuch Nro. 1871 des Obergefreiten Josef Stockinger (1907–1971). Militär-Abwicklungsstelle der Landesregierung Salzburg, 1.9.1945 bzw. Bestätigung vom 4.9.1945.

Arbeitsbuch für Josef Stockinger (1878–1963), ausgestellt am 24.3.1895.

Biografische Urkunden (Zeugnisse, Dokumente u.a. zu Weiterbildungsaktivitäten und sonstige Aufzeichnungen).

Briefe von Josef an seine Mutter bzw. seine Eltern im Zeitraum 6.6.1943 bis 22.3.1945. Achtzehn Briefe sind in kurrenter Handschrift erhalten, Kuverts gingen verloren.

Briefwechsel von Josef und Vilma im Zeitraum 19.4.1946 bis 5.12.1957. Insgesamt sind 163 Briefe erhalten (von Josef bis 5.7.1947 in kurrenter Handschrift), Kuverts gingen verloren. Viele – insbesondere von Josef – sind mit Aquarellen kunstvoll verziert, mit Zeichnungen von selbst hergestellter Gebrauchsgegenstände ergänzt oder mit alltagslyrischen Sprüchen eingeleitet und ausgestaltet. Abgefasst in deutscher Schriftsprache, mit Phrasen in oberösterreichischem und wienerischem Dialekt. Vielfach aus Gründen der Portoersparnis während mehrerer Tage geschrieben, mit Überschneidungen auf dem Postweg oder auch im Bewusstsein, dass Briefe erst nach einem persönlichen Treffen den Partner erreichen würden. Sie wurden bei der krankheitsbedingten Auflassung der Wohnung von Vilma im Jahr 2008 vom Autor gefunden.

Fotoalbum von Vilma aus dem Zeitraum Anfang 1939 bis Herbst 1942. Bestehend aus 34 Blättern mit 141 (meist kleinformatigen) Schwarz-Weiß-Fotografien.

Landsturmpass Josef Stockinger (1878–1963) vom 31.12.1911.

Melderegister im Stadtarchiv Steyr.

Militär-Pass von Rudolf Majetič, K.u.k. Feldhaubitzregiment Kaiser Nr. 8, Assentjahrgang 1903.

Poesiebücher von Vilma Majetič, Franziska Stockinger und Maria Božek.

Protokoll des Steyrer Gemeinderates vom 24.4.1918.

Rund 450 weitere Korrespondenzen (Ansichtskarten sowie weitere Briefe) aus dem Familienkontext.

Taschenkalender von Josef (1907–1971) aus den Jahren 1956 und 1962.

Theater 1943/1944: Sammlung von Programmheften der von Vilma Majetič besuchten Aufführungen der Wiener Staatsoper, des Burgtheaters, Theaters in der Josefstadt und des Wiener Militärkasinos.

„Urkunde meiner Dienstzeit". Ein offensichtlich nach Kriegsende, vermutlich von Veteranenverbänden, ausgestelltes und auf den jeweiligen Infodaten des betreffenden Soldaten beruhendes Dokument.

Schul- und Ausbildungszeugnisse, Schulakte der Bürgerschule, Klassenbuch Schuljahr 1918/1919 im Stadtarchiv Steyr.

Wehrpass Josef Stockinger (1907–1971) vom 3.4.1939.

ONLINEQUELLEN

ANNO – Austrian Newspapers Online der Österreichischen Nationalbibliothek. https://www.onb.ac.at/. (19.3.2021).

Bundeszentrale für politische Bildung, Berlin. https://www.bpb.de/. (15.2.2021 und 11.8.2021).

Cantzler, Anja: Möglichkeiten der Auseinandersetzung mit Biografien. Verfügbar unter: https://www.kita-fachtexte.de/de/fachtexte-finden. (7.8.2021).

Croatia, Church Books Croatia, 1516–1994: https://Familysearch.org. (19.3.2021).

Der Familienstammbaum. Ahnenforschung der Familie Böttcher. Verzeichnis alter Berufe. https://www.der-familienstammbaum.de/ahnenforschung/alte-berufe-a. (22.6.2021).

„Der Lehmann". Allgemeiner Wohnungs-Anzeiger. https://www.digital.wienbibliothek.at/wbrobv/periodical/titleinfo/5311. (16.5.2021).

Die Gemeindeverwaltung des Reichsgaues Wien vom 1.1.1940–31.3.1945. Wien 1945. In: https://www.digital.wienbibliothek.at/. (27.6.2021).

Facebookgruppen „Kriegstagebücher und Erlebnisberichte 1. und 2. Weltkrieg". https://www.facebook.com/groups/kriegstagebuecher. (17.5.2021).

„Fehlertabelle für die deutsche Wehrmacht": https://www.anhaltspunkte.de/vmg/e/fehlertabelle.htm. (13.4.2021).

Geheime Staatspolizei, Staatspolizeistelle Wien Erkennungsdienstliche Kartei 1938–1945. https://www.wien.gv.at/actaproweb2/benutzung/archive.xhtml?id=Ser+++++00009040ma8Invent. (25.06.2021).

Haller, Günter: Das hungernde und frierende Österreich von 1946. In: „Die Presse" vom 6.10.2016. https://www.diepresse.com/5096110/das-hungernde-und-frierende-osterreich-von-1946. (9.8.2021).

Historischer Währungsrechner der Österreichischen Nationalbank: https://www.eurologisch.at/docroot/waehrungsrechner/#/.

„Ich such ein kleines Zimmer", Vertonung mit Orchesterbegleitung (1942). https://www.youtube.com/watch?v=e66RHymbzAE. (13.6.2021).

Kriegsopfer: https://austria-forum.org/af/AEIOU/Kriegsopfer. (25.5.2021).

Kühnel, Horst: Karl und král. Deutsch – tschechische Nachbarschaft im Spiegel der Sprache. http://www.hdbg.de/boehmen/downloads/karl-und-karl.pdf. (17.5.2021).

RAVAG – Radio-Verkehrs-Aktien-Gesellschaft. https://www.hdgoe.at/ravag. (19.12.2020).

Statistik Austria: 100 Jahre Republik Österreich in Infografiken. (statistik.at). (Februar 2021).

Sterbedaten von Frau Lena Uicich (Tante Leni). https://www.ancestry.co.uk/search/?name=_Uicich. (27.1.2021).

Tauf-, Trauungs- und Sterbebücher abgerufen unter https://data.matricula-online.eu/de/. (März 2020 – Juli 2021).

Verstorbenensuche auf Friedhöfen in Wien. https://www.friedhoefewien.at/verstorbenensuche. (Mai 2020 – Juli 2021).

Vor 70 Jahren, Auxerre im Bombenhagel https://www.lyonne.fr/auxerre-89000/actualites/il-y-a-70-ans-auxerre-sous-les-bombes_11054970/ (29.6.2021).

Wikipedia – Verschiedene Einträge. Zitiert in den jeweiligen Fußnoten bzw. http://wiki-de.genealogy.net/Hauptseite.

ZEITUNGEN UND MAGAZINE

Amtliche Wiener Zeitung, 28.3.1916.

Der Standard, Der Kampf um Wien 1945. Reportage. Veröffentlicht am 1.4.2005.

Mödlinger Zeitung, 25.6.1911.

Retzl, Helmut/Stockinger, Josef: „Zum Gedenken an die NS Diktatur in Steyr 38-45", Sondernummer zum Amtsblatt der Stadt Steyr, März 1988.

Steyrer Geschäfts- und Unterhaltungskalender 1931.

Steyrer Tagblatt Nr. 39 vom 16.2.1930.

SCHRIFTLICHE AUSKÜNFTE

Achenbach Michael, Mag., Dokumentationsarchiv des österreichischen Widerstandes, Wien vom 30.4.2021.

Brunnthaler Adolf, Dr., Weyer, E-Mail an den Verfasser vom 16.6.2020.

Hochedlinger Michael, Dr., Österr. Staatsarchiv – Kriegsarchiv, Wien, vom 21.4.2021, Geschäftszahl 2021-0.249.769.

Lechner Ralf, Dr., Mauthausen Memorial/KZ-Gedenkstelle, Leitung Sammlungen, Wien vom 6.4.2021.

Stockinger Michael, Dr. med., E-Mail vom 13.1.2021.

VIELFÄLTIGE UNTERSTÜTZUNG

Bernt-Koppensteiner Ines, Dr., St. Ulrich bei Steyr.

Feller-Höller Helga, Steyr.

Friedl-Wörgetter Petra, Dr., MSc, BBRZ MED, Linz.

Geroldinger Franz, Steyr.

Jäckel Erika (geb. Biener), Gmunden.

Jungwirth Christoph, Dr., Garsten.

Klausberger Gerhard, Mag., Steyr.

Ločičnik Raimund, Dr., Steinbach an der Steyr.

Rammerstorfer Günter, Steyr.

Ramsmaier Karl, Mag., Garsten.

Stadlbauer Tanja, BSc, Linz.

Stockinger Johannes, MSc (WU), Linz.

Stockinger Michael, Dr. med., Steyr.

Stockinger Renate, Steyr.

Treml Otto, Steyr.

Wendt Hildegard (geb. Stockinger), St. Ulrich.

Wörgetter Andreas, PGO – Psychotherapie Praxisgemeinschaft Ovilava, Grieskirchen.

Wöhrnschiml Leopold, Laussa.

LITERATUR

Atlas zur Geschichte 2: Zentralinstitut für Geschichte der Akademie der Wissenschaften der DDR. Gotha/Leipzig 1975, 40ff.

Angerer, Christian/Ecker, Maria: Nationalsozialismus in Oberösterreich. Opfer. Täter. Gegner. Innsbruck 2014.

Augustin, Hanns: Geschichte von Biedermannsdorf. In: Marktgemeinde Biedermannsdorf (Hg.): Heimat einst und jetzt. o. O. 1980.

Bandhauer-Schöffmann, Irene/Hornung, Ela: Von der Erbswurst zum Hawaiischnitzel. Geschlechtsspezifische Auswirkungen von Hungerkrise und „Freßwelle". In: Albrich, Thomas et al. (Hg.): Österreich in den Fünfzigern. Innsbruck 1995.

Bernt-Koppensteiner, Ines: Als man die Arbeiter im Stich ließ. Oktoberstreik 1950. In: Stockinger, Josef (Hg.): Zeit die prägt. Steyr 2011.

Bernt-Koppensteiner, Ines: Migrationsstadt Steyr. In: Arbeit. Wohlstand. Macht. Begleitband zur OÖ. Landesaustellung. Linz 2021.

Botz, Gerhard: Strukturwandlungen des österreichischen Nationalsozialismus (1904–1945). In: Isabella Ackerl/Walter Hummelberger/Hans Mommsen (Hg.): Politik und Gesellschaft im alten und neuen Österreich. Festschrift Rudolf Neck. Wien 1981.

Braig, Marcel: Das Radio, ein neues Medium zur Propagandaverbreitung im Nationalsozialismus. Universität Zürich 2008.

Crha, Ewald: Österreicher im II. Weltkrieg. Konfrontation mit der Vergangenheit. Zeitzeugen berichten. Steyr 2007.

Csaky, Eva-Maria/Matscher, Franz/Stourzh, Gerald (Hg.): Josef Schöner. Wiener Tagebuch 1944/1945. Wien–Köln–Weimar 1992.

Dachs, Herbert: „Austrofaschismus" und Schule. Ein Instrumentalisierungsversuch. In: Talos, Emmerich/Neugebauer, Wolfgang (Hg.): Austrofaschismus. Politik – Ökonomie – Kultur 1933–1938. Wien–Berlin 2014.

Dokumentationsarchiv des österreichischen Widerstandes (Hg.): Widerstand und Verfolgung in Oberösterreich. Zwei Bände. Wien–München–Linz 1982.

Ehmer, Josef: Familienstruktur und Arbeitsorganisation im frühindustriellen Wien. Wien 1980.

Gruber, Barbara: Kampf um Teilhabe. Die Steyrer Arbeiter- und Arbeiterinnenbewegung zur Zeit der Habsburgermonarchie. In: Arbeit. Wohlstand. Macht. Begleitband zur OÖ. Landesaustellung. Linz 2021.

Hagmayr, Martin: Zwischen Boom und Krise. 100 Jahre Arbeit, Armut und Wohlstand in Steyr. In: Arbeit. Wohlstand. Macht. Begleitband zur OÖ. Landesaustellung. Linz 2021.

Hanisch Ernst: Der politische Katholizismus als ideologischer Träger des „Austrofaschismus". In: Talos, Emmerich/Neugebauer, Wolfgang (Hg.): Austrofaschismus. Politik – Ökonomie – Kultur 1933–1938. Wien–Berlin 2014.

Hanisch, Ernst: Landschaft und Identität. Versuch einer österreichischen Erfahrungsgeschichte. Wien 2019.

Hanisch, Ernst: Der Obersalzberg, das Kehlsteinhaus und Adolf Hitler. Berchtesgadener Landesstiftung (Hg.). Berchtesgaden 2020.

Hof- und Staatsschematismus des österreichischen Kaiserthums. Wien 1817.

Hojka, Roman Raimund (Hg.): Bomberschütze und Augenzeuge. Amstetten 1999.

Horncastle, Mona: Margarete Schütte-Lihotzky. Architektin, Widerstandskämpferin, Aktivistin. Wien–Graz 2019.

John, Michael: Vom Abenteuer zum Alltag: Auto-Mobilität. Zur Geschichte einer Transformation. In: Arbeit. Wohlstand. Macht. Begleitband zur OÖ. Landesaustellung. Linz 2021.

Jäckel, Erika (Riki): Wien I – Judenplatz 5. Autobiografisches Manuskript. Gmunden o. J. (Unveröffentlicht).

Kepplinger, Hans Mathias: Nonverbale Medienkommunikation. Wiesbaden 2010.

Klein, Erich: Die Russen in Wien. Die Befreiung Österreichs. Wien 1995.

Kroupa, Wilhelm: Arbeiter in Wien. Ein Jahrhundertleben. Berlin 2011.

Ločičnik, Raimund: Leben zwischen Glauben, Hoffnung und Abgrund. Bauen, Wohnen und Alltag 1913–1939. In: Ločičnik, Raimund/Genenger, Horst: Strom kennt keine Grenzen. Steyr 2020.

Messner, Reinhold: Gehe ich nicht, gehe ich kaputt. München 2020.

Mitscherlich, Margarete: Die Radikalität des Alters. Einsichten einer Psychoanalytikerin. Frankfurt am Main 2010.

Möbius, Aaron/Möbius, Michael: Norwegen. 5. Auflage. Stefan Loose Travelhandbücher. Ostfieldern 2020.

Neuhauser-Pfeiffer, Waltraud: Nicht dazugehörig? Jüdisches Leben in Steyr. In: Arbeit. Wohlstand. Macht. Begleitband zur OÖ. Landesaustellung. Linz 2021.

Österreichischer Metallarbeiterverband. Protokoll des 15. Verbandstages vom 16. bis 29. 9. 1930. Wien 1930.

Ofner, Josef: Steyr. Kurzer geschichtlicher und kultureller Überblick. Steyr 1980.

Österreichisches Gesellschafts- und Wirtschaftsmuseum: Lebensverhältnisse in Österreich 1950. Wien 1987.

Petretto, Barbara: Sozialpolitische Maßnahmen und ihre Auswirkungen auf unvollständige Familien. Das Beispiel Wien nach dem Zweiten Weltkrieg. Diplomarbeit Univ. Wien 2013.

Ramsmaier, Karl: P. Josef Meindl SJ. Wien 2021.

Ramsmaier, Karl: „Die Kirchen während der NS-Zeit in Steyr". Unveröffentlichtes Manuskript. Garsten 2021.

Rathkolb, Oliver: Die paradoxe Republik – Österreich 1945 bis 2010. TB. Wien 2017.

Rauscher, Karl-Heinz: Steyr im Nationalsozialismus. Politische, militärische und soziale Strukturen. Gnas 2003.

Reith, Reinhold (Hg.): Das alte Handwerk. Von Bader bis Zinngießer. Hamburg 2020.

Retzl, Helmut/Rammerstorfer, Günter: Steyr-Münichholz. Mustersiedlung – Glasscherbenviertel – Zukunftsmodell. Steyr 2018.

Rilke, Rainer Maria: Das Stundenbuch. Frankfurt am Main und Leipzig. 2000.

Rilke, Rainer Maria: Sämtliche Werke. Band 2. Frankfurt am Main 1976.

Rolleder, Anton: Heimatkunde von Steyr. Steyr 1894.

Sandgruber, Roman: Hitlers Vater. Wie der Sohn zum Diktator wurde. Wien–Graz 2021.

Schmolmüller, Andreas: „Sie müssen alle verrecken, aber zuvor müssen wir noch das meiste aus ihnen herausquetschen." Zwangsarbeit bei Steyr-Daimler-Puch und in den Hack-Werken Steyr. In: Stockinger, Josef (Hg.): Zeit die prägt. Steyr 2011.

Schwaiger, Otto: Den Wahnsinn überlebt. Die Kriegserlebnisse (1943–1947) meines Vaters im Russlandfeldzug. Steyr 2007.

Steinmaßl, Franz: Mollner Jahre. Eine Sozialgeschichte meiner Familie. Grünbach 2020.

Stockinger, Josef: Die Entwicklung der Arbeiterbewegung in der Stadt Steyr und ihrer Umgebung von 1918 bis 1934. Diss. phil. Univ. Salzburg 1986.

Stockinger, Josef: Die roten Nelken verblassen. Zur Entwicklung der sozialistischen Arbeiterbewegung in Steyr bis 1934. In: Arbeit.Mensch.Maschine. Der Weg in die Industriegesellschaft. Beiträge. Linz 1987.

Stockinger, Josef: Arbeiter im Industrie-Dorf: Simulanten, Aufwiegler, Socialisten. Arbeitsbedingungen und Arbeiterschaft im Zweigwerk Letten der Österreichischen Waffenfabriks-Gesellschaft. In: Kurt Greussing (Hg.): Die Roten am Land. Arbeitsleben und Arbeiterbewegung im westlichen Österreich. Steyr 1989.

Stockinger, Josef (Hg.): Zeit die prägt. Steyr 2011.

Talos, Emmerich/Neugebauer, Wolfgang (Hg.): Austrofaschismus. Politik–Ökonomie–Kultur 1933–1938. Wien–Berlin 2014.

Talos, Emmerich/Hanisch, Ernst/Neugebauer, Wolfgang (Hg.): NS-Herrschaft in Österreich 1938–1945. Wien 1988.

Talos, Emmerich/Riedelsberger, Alois (Hg.): Zeit – gerecht. 100 Jahre Katholische Soziallehre. Steyr 1991.

Wegenstein, Peter: Wege aus Eisen in Oberösterreich. Zur Geschichte der Eisenbahn. Schleinbach 2020.

Wiesenberger, Franz: Gefangenes Licht. Märtyrer im Heimatgau des Führers. Munderfing 2020. Abschnitt 77 ff: Kirche und Nationalsozialismus.

Wirtschaftsstudio des Österreichischen Gesellschafts- und Wirtschaftsmuseums (Hg.): Lebensverhältnisse in Österreich. Damals und heute. Wien 1985.

Zimpernik, Raimund: Der rote Strähn. Dokumentation über den antifaschistischen Widerstand im Salzkammergut. Aigen–Voglhub. 1995.

FOTOQUELLENNACHWEIS

Mit Ausnahme der nachfolgend anführten Fotos stammen alle übrigen Abbildungen und Dokumente aus der Privatsammlung des Autors

Magistrat Steyr, Mag. Hannes Ecker: 9.

Nora Ločičnik: 10.

Sammlung Verein Museum Arbeitswelt, Steyr: 12, 30, 38, 39.

Katharina Höfler, MA MArch: 14, 219.

Postkartenverlag Adolf Winkler, Linz-Urfahr: 34.

Photostudio Seifert, Wien I.: 46.

Privatsammlung Dr. Ines Bernt-Koppensteiner: 70.

Wiener Stadt- und Landesarchiv. WStLA, Gestapo, K 1: 86, 87.

Fotoatelier Schikaneder. Wien 18, Währingerstraße 107: 90.

Fotostudio Franz Lechner. Wien IV, Wiedner Hauptstr. 73: 92.

Privatsammlung Dr. Raimund Ločičnik: 116.

Privatsammlung Mag. Karl Ramsmaier: 126.

Stadtarchiv Steyr, Sammlung Them: 199.

Raimund Ločičnik sen.: 206.